Georgios Myllis

Avaliação da gestão ambiental das autoridades locais no sector dos RSU na Grécia

Georgios Myllis

Avaliação da gestão ambiental das autoridades locais no sector dos RSU na Grécia

This book is a translation from the original published under ISBN 978-3-659-67361-0.

Publisher:
Sciencia Scripts
is a trademark of
Dodo Books Indian Ocean Ltd. and OmniScriptum S.R.L publishing group

120 High Road, East Finchley, London, N2 9ED, United Kingdom
Str. Armeneasca 28/1, office 1, Chisinau MD-2012, Republic of Moldova, Europe
Managing Directors: Ieva Konstantinova, Victoria Ursu
info@omniscriptum.com

Printed at: see last page
ISBN: 978-620-3-22608-9

Resumo

A investigação consistiu essencialmente numa abordagem crítica da gestão ambiental municipal (GAM), que pode contribuir para os esforços das autoridades locais de gestão de resíduos no sentido de um desempenho mais sistémico. A principal ferramenta utilizada para atingir este objetivo foi a análise comparativa entre as componentes dos SGA (Sistemas de Gestão Ambiental) e as práticas e procedimentos de gestão de resíduos das AL.

A análise preliminar do problema prático revelou que as autoridades locais, enquanto administradoras de RSU (resíduos sólidos urbanos) na Grécia, têm algumas questões fundamentais que podem ser melhoradas: incapacidade de se adaptarem eficazmente às políticas e à legislação da UE (União Europeia) através da estrutura institucional pré-existente; integração limitada dos aspectos ambientais nas suas políticas de resíduos; sobreposição e confusão de competências e responsabilidades que criam problemas de coordenação e controlo.

O principal objetivo desta investigação era identificar as lacunas existentes entre os requisitos do SGA e as práticas e procedimentos das autoridades locais e formular recomendações sobre as medidas necessárias para colmatar as deficiências. Tendo em conta as questões de potencial melhoria acima referidas, foi dada uma indicação das áreas que requerem investigação. Estas incluem a gestão do processo de resíduos das administrações, a análise ambiental das suas actividades de resíduos e a política ambiental das autoridades locais.

A insuficiência de informações sobre as considerações ambientais das autoridades locais no sector da gestão de resíduos levou o autor a reforçar os dados empíricos comparados com os requisitos do SGA, entrevistando funcionários e membros eleitos das administrações dos serviços técnicos das autoridades locais. O programa de entrevistas foi concebido de modo a definir os elementos dos procedimentos e práticas das autoridades locais em matéria de gestão de resíduos relacionados com os requisitos do SGA. Os resultados do programa de entrevistas foram confrontados com os documentos relativos aos procedimentos de gestão de resíduos das autoridades locais, com os trabalhos ambientais anteriores das administrações e com as informações da análise da literatura. O supervisor comunicante das autoridades locais confirmou a exatidão dos resultados.

As informações resultantes indicaram a necessidade de uma autoridade separada para as questões ambientais, a avaliação dos aspectos ambientais dos seus serviços, a ligação dos seus objectivos e metas específicos aos aspectos ambientais.

Conteúdo

2

Glossário

EMAS	Eco-Management and Audit Scheme
EMS	Environment Management System
EU	European Union
ISO	International Standardisation Organisation
MSWM	Municipal Solid Waste Management
MSW	Municipal Solid Waste
PPP	Private public partnership
LA	Local authority

<h1 style="text-align:center">Capítulo 1</h1>

Introdução

1.1 Contexto do problema

As boas práticas de gestão de resíduos que foram adoptadas nas últimas décadas foram afectadas pelas condições de fundo dominantes. Por outras palavras, o nível de desenvolvimento económico e tecnológico, as condições naturais do local, as considerações sociais e políticas afectaram consequentemente a tomada de decisões sobre a gestão de resíduos em todos os países (PNUA, 2000).

Na década de 1970, a questão dos resíduos foi tratada através de uma "abordagem de controlo dos resíduos" na Europa. Os dois eixos principais desta abordagem para tratar e monitorizar os resíduos eram a regulamentação da eliminação final e o desenvolvimento de "soluções de condutas finais". Obviamente, esta era uma abordagem a curto prazo, uma vez que o fator mais importante era ser financeiramente eficiente (Gervais, 2002).

No relatório da Comissão Brundtland "O nosso futuro comum", a definição de "desenvolvimento sustentável" foi apresentada pela primeira vez (WCED, 1987). A abordagem sustentável contribuiu para uma mudança nas abordagens existentes em matéria de gestão de resíduos, exigindo a integração de aspectos sociais e ambientais nos processos de gestão de resíduos (ISWA, 2002).

Em 1989, a estratégia comunitária da UE (União Europeia) (figura 1.1) foi definida, em primeiro lugar, com o objetivo de evitar a produção de resíduos e de os tornar menos perigosos e, em segundo lugar, de recuperar os resíduos através da reciclagem, reutilização ou utilização dos resíduos como fonte de energia e como opção final para eliminação segura (PM, 1999; Comunidades Europeias, 2003).

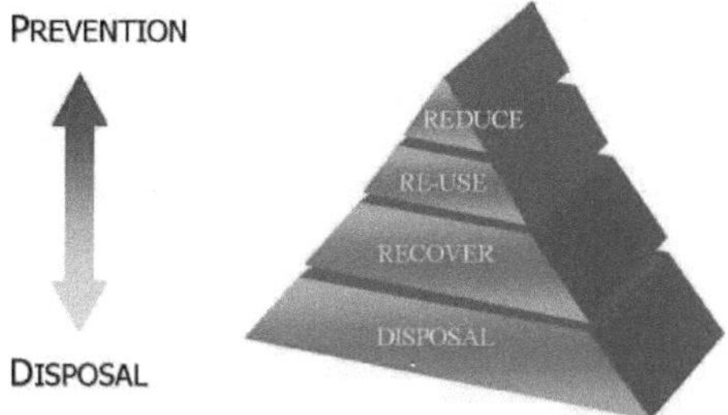

Fig. 1.1 *A hierarquia dos resíduos* (Unidade de Estratégia 2002, p43)

A UE, a fim de promover estes objectivos, integrou-os em diretivas, regulamentos e políticas que estabelecem um quadro para a gestão de resíduos para os membros da UE, exigindo inicialmente que estes elaborem planos de gestão de resíduos, incluindo a capacidade e as infra-estruturas necessárias e medidas para proteger a saúde humana e o ambiente (Comunidades Europeias, 2003).

Várias iniciativas voluntárias, como a Agenda 21 local, o Capítulo de Aalborg e os Compromissos de Aalborg, tornaram-se uma força motriz para as autoridades locais e forneceram-lhes um quadro político para as ajudar a transformar os planos nacionais em acções locais e a enraizar as perspectivas ambientais nas suas actividades locais, como a gestão de resíduos (DHLG, 1998; William et al. 2001).

Devido à crescente sensibilização para as questões ambientais, as responsabilidades das autoridades locais no que se refere aos aspectos ambientais diretos e indirectos dos serviços que prestam tornaram-se mais complexas e os procedimentos tradicionais de controlo ambiental não puderam ser cumpridos. (Burstrom & Korhonen, 2001).

Têm sido utilizados e propostos vários instrumentos, técnicas e processos para a gestão ambiental municipal, tais como a pegada ambiental, a orçamentação ambiental, a avaliação do impacto ambiental, os sistemas de gestão ambiental e a análise do fluxo de materiais para organizar os seus esforços de gestão ambiental (Levvet, 1996).

No entanto, a extensão da gestão ambiental integrada - como é o SGA (sistema de gestão ambiental) - na administração das autoridades locais gregas, em contraste com as autoridades locais da UE, é extremamente limitada (Creedy, 2001) e não tem havido incentivos formais do governo nacional para a prática do SGA a nível local (WG, 2005). Houve apenas algumas excepções de projectos-piloto de algumas autoridades locais na gestão de resíduos financiados pelo programa LIFE da CE (União Europeia) (LIFE focus, 2003).

No entanto, de acordo com a recente estratégia temática da UE para o ambiente urbano, foram fortemente recomendadas acções para uma utilização mais precisa dos planos e sistemas integrados de gestão do ambiente urbano a nível local (Comunidades Europeias, 2001; 2006).

1.2 Justificação da investigação

Os padrões de consumo alteraram-se e afectaram as quantidades e as caraterísticas qualitativas dos resíduos sólidos na Grécia (MEPPW, 2002). Especificamente, as elevadas quantidades de resíduos nas zonas urbanas merecem uma atenção especial às questões relacionadas com os resíduos e, consequentemente, determinam as autoridades locais como actores-chave na aplicação da política de resíduos (Comunidades Europeias, 2001; 2004).

Por conseguinte, a situação atual e o quadro legislativo, que exigem a proteção do ambiente e o desenvolvimento sustentável, tornam necessário o desenvolvimento de políticas e práticas de gestão integrada dos resíduos (Comunidades Europeias, 2005).

A pesquisa bibliográfica identificou que as autoridades locais já implementaram sistemas integrados de gestão ambiental a nível mundial, o que resultou em benefícios para as suas administrações de serviços técnicos. Estas abordagens melhoraram a capacidade institucional de auditoria ecológica (Aall, 1999), minimizaram o impacto ambiental das suas actividades (Drury, 2000), reduziram o consumo de materiais e a eliminação de resíduos (Envirosphere, 2000) e estruturaram a gestão ambiental municipal (Malmborg, 2003).

No entanto, verificou-se que estes sistemas são considerados burocráticos e difíceis de integrar na administração das autoridades locais. Os obstáculos mais comuns à adoção foram o fraco apoio político, a complexidade técnica do processo de implementação e a divergência institucional entre as administrações nacionais e locais ou as próprias autoridades locais (WG, 2005).

A maioria das autoridades locais gregas no sector da gestão de resíduos sólidos enfrenta uma série de problemas, como a falta de integração ambiental, a ausência de uma política preventiva para a produção de resíduos e a falta de cooperação entre as autoridades nacionais, regionais e locais (Xithali & Valatsos, 1998; Andreou, 2004).

Ao conhecerem as suas práticas e procedimentos de gestão de resíduos sólidos urbanos e ao documentarem as suas abordagens e práticas de gestão ambiental que contribuíram para os problemas acima referidos, as autoridades locais gregas poderiam, pelo menos, aplicar procedimentos reconhecidos de sistemas integrados de gestão ambiental que estruturam e desenvolvem sistematicamente a gestão ambiental.

1.3 Finalidade e objectivos

O principal objetivo da investigação foi o seguinte

Identificar as lacunas entre os requisitos do SGA e as práticas e procedimentos actuais da gestão administrativa dos RSU das autoridades locais gregas e apresentar recomendações de medidas necessárias para resolver as deficiências.

A concretização deste objetivo poderá proporcionar às autoridades locais uma comparação actualizada dos procedimentos de gestão, dos seus limites legais e dos seus planos de gestão no âmbito dos requisitos do SGA (Bolli et al., 2001). Isto pode contribuir para a melhoria do desempenho da administração (Emilsson, 2003; Emilsson & Hjelm, 2004; Projeto EURO-EMAS, 2001) da gestão dos RSU, proporcionando assim um quadro para a definição dos objectivos a atingir para a integração das considerações ambientais nos procedimentos de gestão dos RSU.

Para atingir este objetivo, foram definidos vários objectivos:

-   Identificar o enquadramento teórico da implementação do SGA nas organizações.

Este objetivo identificou as metodologias e procedimentos dos sistemas de gestão ambiental para analisar sistematicamente as práticas e procedimentos de gestão ambiental de uma organização, analisou também os requisitos de um SGA e as variáveis interactivas, que determinam a implementação efectiva do SGA numa organização, nomeadamente nas AL.

-   Examinar o sistema administrativo e operacional das autoridades locais para os RSU (resíduos sólidos urbanos) na Grécia.

Este objetivo explicou a atual estrutura organizacional e as instalações e acções da organização para a gestão de resíduos sólidos urbanos. O exame envolveu também uma análise ambiental inicial dos procedimentos da organização;

-   Identificar a lacuna entre os componentes do SGA e a administração dos RSU nas autoridades locais gregas

Este objetivo identificou a lacuna entre as componentes do SGA e a gestão administrativa dos resíduos sólidos urbanos na Grécia (Envirosphere, 2000) e foram produzidos dados de referência a partir da comparação das medidas dos processos. (Bolli et al., 2001).

1.4 Definições

Aspeto ambiental direto: *Todas as actividades de uma organização sobre as quais a organização tem controlo de gestão e que incluem, mas não se limitam a: evitar, reciclar, reutilizar, transportar e eliminar resíduos sólidos* (Comunidades Europeias, 2001a; EMAS peer review for Cities project, 2004a).

Aspeto ambiental indireto: *Em todas as actividades, produtos e serviços de uma organização podem existir aspectos ambientais significativos sobre os quais a organização pode não ter um controlo total da gestão* (Comunidades Europeias, 2001a; EMAS peer review for Cities project, 2004a).

Resíduos sólidos urbanos:	*Resíduos domésticos, bem como outros resíduos que*
	devido à sua natureza ou composição, são semelhantes aos resíduos
	domésticos (Comunidades Europeias, 1999; Ficher & Crowe, 2000).
Autarquia local	*Uma unidade administrativa da administração local*
	(Emilson, 2005).

1.5 Âmbito da investigação

O autor definiu as variáveis desta investigação de modo a examinar os procedimentos das administrações das autoridades locais para os RSU que afectam ou podem afetar o ambiente, mas não o estado da poluição ambiental (projeto EMAS Peer Review for Cities 2004). O principal objetivo da investigação não era medir o seu desempenho, uma vez que não havia resultados mensuráveis da sua gestão ambiental anterior, mas sim permitir que as autoridades locais estruturassem e desenvolvessem a sua gestão ambiental interna de forma sistemática, a fim de melhorar o desempenho administrativo.

Esta investigação não examinou a aplicabilidade dos SGA às administrações das autoridades locais gregas, mas utilizou-os como instrumento de investigação para avaliar as abordagens ambientais dos resíduos sólidos urbanos. A comparação dos procedimentos das autoridades locais com um sistema de gestão ambiental, que é um instrumento sistémico de proteção do ambiente, gerou provas que contribuíram para a validade da investigação deste esforço de abordagem crítica da sua gestão ambiental municipal.

Assim, embora a gestão de resíduos sólidos urbanos esteja relacionada com vários participantes na Grécia, estava fora do âmbito desta investigação analisar o sector privado ou as empresas das autoridades locais e outros níveis de autoridades locais, como é o caso das regiões, pelo que, devido a limitações de tempo, apenas se centra nas administrações das autoridades locais de primeiro nível.

Por último, a gestão ambiental municipal das autoridades locais como objeto de investigação pode ser analisada sob várias perspectivas, tais como

A perspetiva administrativa, que diz respeito às acções empreendidas pelas autoridades locais para prestar serviços com menor impacto ambiental. A gestão ambiental municipal espacial, que diz respeito ao planeamento e à gestão do território dentro das fronteiras geográficas do município. A gestão ambiental municipal política, que diz respeito ao esforço da AL (autoridade local) para manter a sustentabilidade ambiental e a perspetiva comunitária, que tem um âmbito mais vasto, envolvendo todas as três perspectivas anteriores e todos os intervenientes relacionados com acções ambientais, por exemplo, ONG (organizações não governamentais), indústria local (projeto EMAS Peer Review for Cities, 2004; Malmborg, 2003; Emilsson, 2005; Erdemenger, 1998; 1999a; Emilsson & Hjelm 2002).

A razão pela qual esta investigação se centra apenas na perspetiva administrativa é o facto de estes elementos do SGA, que foram comparados com os procedimentos das autoridades locais, se aplicarem mais adequadamente a esta abordagem organizacional. Actividades como a implementação de um SGA como a ISO 14001 ou o EMAS podem ser incluídas nesta perspetiva (EMAS Peer Review for Cities project, 2004; Malmborg, 2003; Emilsson, 2005; Erdemenger, 1998; 1999a; Emilsson & Hjelm, 2002).

1.6 Esboço da dissertação

Esta dissertação foi dividida em cinco capítulos. O esforço principal foi para que fosse escrita de forma clara, apresentando todos eles como uma narrativa e centrada no tópico significativo que a investigação examinou.

O Capítulo 1 apresenta os antecedentes do problema dos resíduos ambientais e justifica a importância do problema de investigação, que ocorre efetivamente na Grécia e merece ser bem gerido. É descrito o objetivo da investigação, definindo também as variáveis e os limites da investigação.

O Capítulo 2 examina o problema prático do tema, incluindo uma investigação dos conhecimentos teóricos relevantes existentes sobre metodologias para examinar sistematicamente as práticas e os procedimentos de gestão ambiental de uma organização. Consequentemente, o problema de investigação foi apresentado sob a forma de questões de investigação, a fim de ser investigado em pormenor.

O capítulo 3   descreve a forma como a investigação foi efectuada. Refere-se aos métodos e técnicas de investigação escolhidos. Para as necessidades da investigação, foi elaborado um guião de entrevista que tomou como base as questões de investigação.

Capítulo 4 apresenta as conclusões obtidas a partir da análise comparativa dos procedimentos, apresentando as evidências que o autor obteve através dos dados recolhidos e da análise efectuada.

No capítulo 5, são retiradas conclusões dos resultados apresentados no capítulo anterior, relacionadas com o objetivo e as questões da investigação, e são discutidos os trabalhos futuros que podem ser realizados e o contexto mais vasto da investigação.

Capítulo 2

Definição de investigação

2.1 Problema prático

A Grécia, enquanto "retardatária" em relação aos países da coesão no que diz respeito às práticas de gestão de resíduos, está num processo contínuo de adoção de políticas e legislação da UE (Paraskevopoulos, 2003; Dupois et al., 2004).

A direção geral do ambiente na Grécia, que é o MEPPW (Ministério do Ambiente, Planeamento Físico e Obras Públicas), é responsável pela integração do desempenho ambiental na gestão de resíduos e estabeleceu um quadro para o manuseamento seguro e a gestão ambientalmente correta dos resíduos (MEPPW, 2002), com base em três prioridades (Gnardelli, 2005; MEPPW, 2004):

    i.   Prevenção

    ii.   Reciclagem e reutilização

    iii. Melhorar a eliminação final e o controlo.

O modelo escolhido pela Grécia para a proteção do ambiente é principalmente um modelo legislativo com disposições legais, que se encontram num processo contínuo de harmonização com o quadro jurídico europeu e de integração na Constituição grega (William et al. 2001).

Além disso, a Grécia também incluiu na sua estratégia de governo central o Planeamento Nacional para a gestão integrada e alternativa dos resíduos sólidos (MEPPW, 2002), o Programa Operacional do Ambiente (MEPPW, 2004) e alguns mecanismos ab hoc. Trata-se da criação de autoridades de proteção do ambiente, como o Centro Nacional para o Ambiente, centrado no desenvolvimento ambiental e sustentável (William et al. 2001).

Em certa medida, a Grécia registou algumas melhorias no progresso ambiental, incluindo no sector da gestão de resíduos, principalmente devido aos esforços desenvolvidos desde meados da década de 1990 (OCDE, 2001) para resolver problemas operacionais e ambientais causados pelos resíduos sólidos (MEPPW, 2004). No entanto, estes esforços resultaram em benefícios de valor moderado. Ao fazer o levantamento de algumas das referências abaixo, a Grécia parece não ter conseguido uma integração ambiental eficiente das práticas de gestão de resíduos.

Em contraste com o princípio estabelecido para a prevenção, a quantidade de resíduos sólidos urbanos gerados a nível nacional é de aproximadamente 4,6 milhões de toneladas, principalmente de actividades domésticas e parcialmente de actividades comerciais, tendo aumentado 50% em comparação com os níveis de quantidade de 1990 (gráfico 2.1), (Gnardelli, 2005; MEPPW, 2004; Eurostat, 2006).

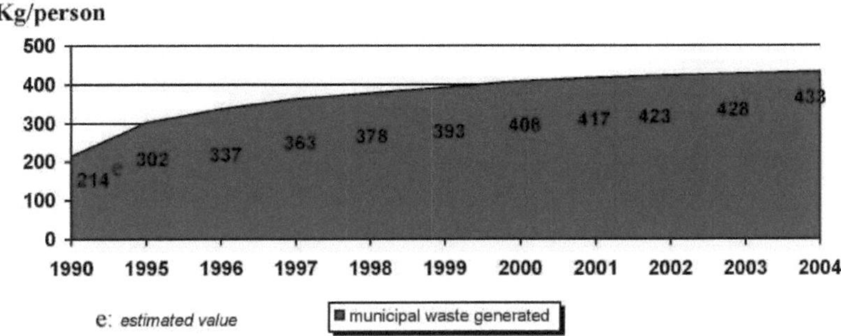

Gráfico. 2.1 *Resíduos municipais produzidos. Consiste em resíduos recolhidos pelas autoridades municipais ou em seu nome e eliminados através do sistema de gestão de resíduos - kg por pessoa por ano -* (Eurostat, 2006)

Em vez de aplicar o princípio da reciclagem e reutilização da quantidade total de RSU, cerca de 8% são reciclados na fonte e os restantes 92% são eliminados sem tratamento prévio em aterros sanitários ou em lixeiras sem engenharia (gráfico 2.2), (Gnardelli, 2005; MEPPW, 2004; Eurostat, 2006).

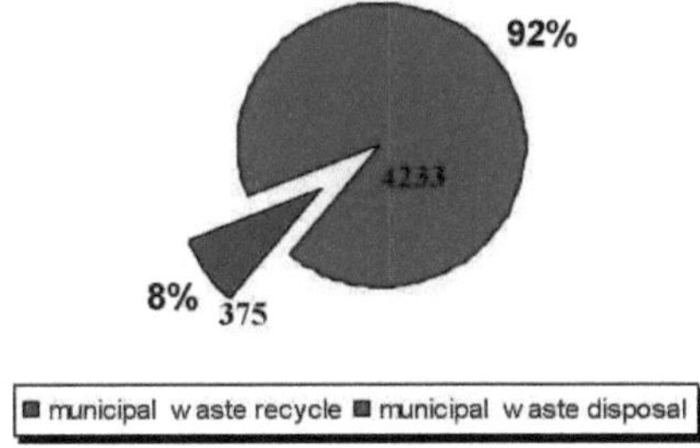

Gráfico.2.2 *Recuperação e eliminação de resíduos urbanos -1000 toneladas-* (Eurostat, 2006a).

Finalmente, no que respeita ao princípio da melhoria da eliminação e do controlo, cerca de 44% dos resíduos domésticos na Grécia continuam a ser eliminados em instalações ilegais, pondo assim em perigo a saúde humana e o ambiente (gráfico 2.3) (Gnardelli, 2005; Andreou, 2004).

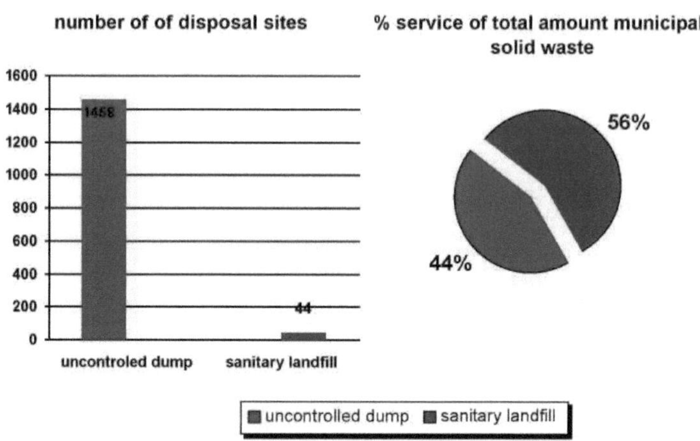

Gráfico. 2.3 *Eliminação de resíduos sólidos urbanos em lixeiras não controladas* (Gnardelli, 2005, p10; Andreou, 2004, p2)

Tem-se argumentado que a Grécia enfrenta a pressão contínua para a adoção de políticas e legislação da UE, o que resulta do fosso entre os regulamentos e práticas europeus e as práticas institucionais nacionais pré-existentes. Este facto impediu, de facto, o desenvolvimento eficiente das novas práticas de gestão de resíduos na Grécia (Paraskevopoulos, 2003).

Um desafio fundamental para o MEPPW é a obtenção de um consenso com as autoridades locais para a aplicação da política e da legislação ambientais. O MEPPW tentou responder a este problema através de acções específicas baseadas no modelo de integração ambiental acima referido (MEPPW, 2002).

Após a década de 1990, o programa nacional 'Ioannis Kapodistrias' foi criado pelo Estado com o objetivo de reformar (MEPPW, 2001) o governo local para responder às suas responsabilidades crescentes. Estas reformas introduziram um sistema de governo local a vários níveis, com o objetivo de modernizar a administração pública, reforçar o planeamento do desenvolvimento, assegurar uma melhor coordenação setorial e melhorar a cooperação com o governo local (OCDE, 1997).

Existe igualmente um quadro legislativo que impõe deveres e responsabilidades às autoridades locais. De acordo com o Código Municipal e Comunitário relativo à composição das autoridades locais na Grécia, P.D. (Decreto Presidencial) 410/1995/JOG (Jornal Oficial do Governo) A'231, as autoridades locais de primeiro nível são responsáveis pela recolha, armazenamento temporário, tratamento, reciclagem, reutilização e eliminação final dos resíduos sólidos urbanos (OCDE, 1997).

O 1.º Plano Nacional de Gestão Integrada e Alternativa de Resíduos Sólidos decreta que as autoridades locais têm também a responsabilidade de incorporar planos e políticas para as actividades relacionadas com os resíduos, que são da sua responsabilidade (MEPPW, 2002).

A análise preliminar do problema, efectuada com base em referências bibliográficas, ilustra que a maioria das autoridades locais gregas reconhece o facto de não dispor de recursos económicos, humanos, técnicos e científicos, em combinação com a dimensão relativamente pequena da maioria das autoridades locais gregas (gráfico 2.4) (Paraskevopoulos, 2003), para executar eficazmente a quantidade e a qualidade dos serviços exigidos (Xithali & Valatsos, 1998), limitando-se a um papel consultivo puro e a um papel executivo secundário.

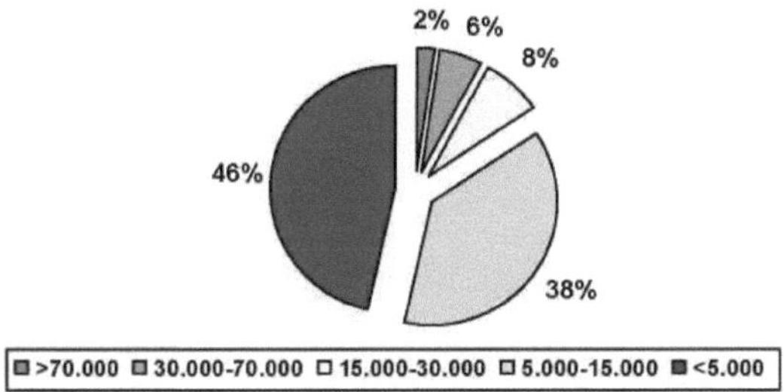

Gráfico. 2,4 *% da população total das AL de primeiro nível* (GNSSG, 2001).

Para corresponder à sua lista alargada de responsabilidades, a maioria dos AL, uma vez que são legalmente autorizados pelo código municipal e comunitário, partilham muitas das suas responsabilidades. Uma forma de partilha de responsabilidades é a formação de associações de autoridades locais, ou as PPP (parcerias público-privadas), que envolvem empresas municipais e privadas. As diferentes formas de cooperação complicam ainda mais o sistema (OCDE, 1997).

Consequentemente, a adição de departamentos estatais descentralizados de regiões e prefeituras e de uma rede complexa de organizações e intervenientes tornou o sistema administrativo e de elaboração de políticas ainda mais complicado, em que as competências e responsabilidades se sobrepõem e confundem frequentemente, criando problemas de coordenação e controlo (Chondroleou et al., 2005).

As autoridades locais gregas, devido à falta de recursos financeiros necessários, participam nos programas dos Fundos Estruturais, a fim de progredir, aproveitando as oportunidades de integrar as suas necessidades nos programas operacionais regionais.

Infelizmente, o desenvolvimento dos projectos deparou-se com obstáculos consideráveis ao nível do know-how da gestão de projectos e surgiram problemas burocráticos que desencorajaram as administrações das autoridades locais (Pyrgiotis, 1998).

A investigação do processo na análise do problema revelou que as autoridades locais, enquanto administradoras da gestão de resíduos, têm algumas questões centrais que podem ser melhoradas, nomeadamente

- Aplicação de acordos e legislação nacionais e internacionais.
- Integração dos aspectos ambientais nas políticas de resíduos.
- Melhor comunicação e colaboração com a gestão de topo e com os outros intervenientes na gestão de resíduos.

2.2 Conhecimentos relevantes existentes

É um facto que há poucos estudos científicos anteriores que apresentem dados sobre as considerações ambientais das autoridades locais gregas no sector da gestão de resíduos. Este facto obrigou a investigação a estudar o quadro teórico dos SGA e a identificar eventuais metodologias e procedimentos para uma análise sistémica das práticas e procedimentos de gestão ambiental de uma organização.

Após uma análise do quadro teórico dos SGA e das questões que podem ser melhoradas, enumeradas no final do ponto 2.2, o autor recebeu uma indicação das áreas que necessitam de investigação.

A avaliação de referência com componentes do SGA abrangeu estas áreas (Sturm, 1998; Envirosphere, 2000; WG, 2004; projeto EMAS Peer Review for Cities, 2004a):

- Gestão do processo de resíduos

- Reexame ambiental
  S Requisitos legislativos e outros requisitos regulamentares;
  S Aspectos ambientais;
  S Práticas e procedimentos de gestão ambiental existentes;
  S Avaliação do feedback da investigação de trabalhos ambientais anteriores (se aplicável);
- Política ambiental (caso exista).

Gestão do processo de resíduos

Malmborg (2002) refere que, de acordo com Jacobsen e Trorsvik (1998), quando

- são desenvolvidos novos elementos organizacionais e acrescentados aos elementos existentes,

- os elementos existentes são ligados ou desligados de novas formas; ou
- os elementos existentes são suprimidos,

então a mudança organizacional é potencialmente necessária.

De acordo com a teoria da mudança organizacional, é um pré-requisito para uma organização saber porquê e como mudar e possuir esta capacidade antes de a mudança começar efetivamente. Outro requisito é a formação contínua dos trabalhadores e uma comunicação bem desenvolvida entre os trabalhadores da organização. Estas actividades contribuem para evitar um potencial fracasso, dando assim início a um processo de SGA (Malmborg, 2002).

Por conseguinte, é importante conhecer a capacidade de gestão administrativa das autoridades locais, definindo procedimentos e responsabilidades de coordenação, deveres administrativos, direitos e responsabilidades de terceiros, controlo das operações, estratégia de comunicação e estratégia de formação, a fim de identificar competências, métodos e instrumentos para o processo de gestão de resíduos (Burstrom & Lindqvist, 2002).

Análise ambiental

Por levantamento ambiental entende-se uma análise inicial exaustiva do impacto ambiental, das questões e do desempenho relacionados com as actividades de uma organização (Comunidades Europeias, 2001a; Erdemenger, 1999; Creedy, 2001).

A análise examina as actividades da organização e os aspectos ambientais que lhe estão associados, relacionados com os requisitos legislativos e regulamentares que a organização subscreve.

Consequentemente, proporciona à organização um conhecimento mais profundo dos seus pontos fortes e fracos, dos riscos e oportunidades em todos os aspectos das suas actividades. Além disso, fornece informações sobre a legislação pertinente, o historial de incidentes de interesse local e uma avaliação do seu significado. es sobre a legislaça (Creedy, 2001; projeto EMAS Peer Review for Cities, 2004a; Sturm, 1998).

S Requisitos legislativos e outros requisitos regulamentares

A legislação no sector da gestão de resíduos pode ser dividida em três grupos principais
- A diretiva-quadro relativa aos resíduos
- A diretiva relativa aos resíduos perigosos
- A regulamentação relativa à transferência dos resíduos

Existem ainda dois outros grupos de diretivas. O primeiro está associado ao tratamento de fluxos de resíduos específicos, como os resíduos de embalagens, os resíduos eléctricos e electrónicos e a diretiva relativa aos veículos em fim de vida, e o segundo está associado aos requisitos para a autorização e exploração de instalações de eliminação de resíduos.

Por último, existe uma soma de inter-relações entre a legislação relativa à gestão de resíduos e outros sectores, como o sector da qualidade do ar e a qualidade da água, também conhecida como "legislação horizontal" (PM, 1999).

Por conseguinte, devido à complexidade da questão, para que os procedimentos sejam desenvolvidos de forma adequada, a organização deve mostrar que está ciente de toda a legislação e requisitos relacionados com os aspectos ambientais dos seus serviços de gestão de resíduos (Envirosphere, 2000).

Referência à norma ISO 14001 (Comunidades Europeias, 2001a):

A organização deve estabelecer e manter um procedimento para identificar e ter acesso a requisitos legais e outros requisitos que a organização subscreva e que sejam aplicáveis aos aspectos ambientais das suas actividades, produtos ou serviços.

O Grupo de Trabalho sobre Planos e Sistemas de Gestão Ambiental Urbana (2005) descreve que a legislação existente deve ser devidamente respeitada e coordenada e, além disso, incluída num mecanismo de informação e monitorização.

J Aspectos ambientais

Como mencionado anteriormente, é importante que os aspectos ambientais dos resíduos sólidos urbanos sejam examinados e que a avaliação dos seus impactos ambientais seja identificada.

Os aspectos ambientais podem ser "diretos" (emissões atmosféricas, utilização de recursos naturais e matérias-primas, etc.) ou "indirectos" (investimento, construção, transportes e políticas económicas) (Creedy, 2001).

Referência à norma ISO 14001 (Comunidades Europeias 2001a):

A organização deve estabelecer e manter procedimentos para identificar os aspectos ambientais das suas actividades, produtos ou serviços que pode controlar e sobre os quais se pode esperar que tenha influência, de modo a determinar aqueles que têm ou podem ter impactes significativos no ambiente. A organização deve assegurar que os aspectos relacionados com estes impactes significativos sejam considerados na definição dos seus objectivos ambientais.

A identificação dos aspectos e impactes deve abranger todas as operações de gestão de resíduos associadas às LA (Envirosphere, 2001):

- Recolha de resíduos
- Instalações de recuperação de materiais (MRF)
- Operações de incineração
- Operações de compostagem
- Instalações de produção de energia a partir de resíduos
- Deposição em aterro

É também necessário que os aspectos e o impacto sejam identificados em todas as condições normais de funcionamento (Envirosphere, 2001), tais como

- Actividades de manutenção;

- Actividades de arranque e de encerramento relacionadas com as operações;
- Actividades anormais que consistem em desvios das condições normais de funcionamento; e
- Situações de emergência.

Finalmente, é importante que os aspectos com impactos significativos sejam avaliados e incorporados no plano de gestão. Um plano de gestão pode ser caracterizado como integrado e que aborda um conjunto de actividades de forma sistémica, só depois de ter determinado como os aspectos ambientais são considerados (Oudin, 2001).

Política ambiental

A política ambiental serve de motor, descrevendo o compromisso da organização para com o ambiente e delineando os seus objectivos ambientais (GETF, 2000).

A literatura refere a importância da gestão de topo, sublinhando o papel crucial que desempenha ao estabelecer estratégias com um compromisso claro. Isto funciona como uma força motriz para a organização, promovendo uma cultura positiva, de modo a pôr de lado a velha gestão e abrir caminho a um novo pensamento. O interesse da gestão de topo pelas questões ambientais é muito importante porque constitui uma ligação crucial com as forças externas (Emilsson & Hjelm, 2002a; Rivera-Camino, *2001*).

Referência à norma ISO 14001 (Comunidades Europeias 2001a):

Os requisitos específicos para uma política ambiental são os seguintes:
- A gestão de topo deve definir a política ambiental da organização e assegurar que esta é adequada à natureza, escala e impactos ambientais das suas actividades, produtos ou serviços;
- Inclui um compromisso de melhoria contínua e de prevenção da poluição;

- Inclui o compromisso de cumprir a legislação e os regulamentos ambientais relevantes, bem como outros requisitos que a organização subscreva;
- Fornece o quadro para a definição e revisão dos objectivos e metas ambientais;
- É documentada, implementada, mantida e comunicada a todos os empregados; e
- Está disponível para o público.

2.3 Questão de investigação

A identificação de uma abordagem adequada para este tópico baseia-se na pergunta de investigação.

Que práticas e procedimentos de gestão ambiental são atualmente utilizados nas administrações de RSU das autoridades locais gregas?

Estas práticas e procedimentos abordam os aspectos ambientais dos seus serviços de RSU de forma sistémica?

Atualmente, não existe na literatura uma representação integrada das considerações ambientais nas práticas e procedimentos das autoridades locais no sector da gestão de resíduos, de modo a avaliar os seus processos.

Na secção 2.3, a investigação bibliográfica identificou o SGA como uma abordagem de gestão ambiental municipal já utilizada pelas autoridades locais a nível mundial, para uma análise exaustiva das práticas e procedimentos de gestão ambiental de uma organização, de modo a estruturar e desenvolver a sua gestão ambiental interna de forma sistemática.

A investigação primária centrou-se na pesquisa de uma abordagem adequada para a potencial melhoria dos objectivos destacados no processo de análise do problema na secção 2.2.

Ao determinar se as autoridades locais têm procedimentos no âmbito da sua gestão administrativa que cumprem os requisitos do SGA, identifica-se o grau de abordagem sistémica das suas considerações ambientais nos seus procedimentos relativos aos RSU. Assim, de acordo com a teoria e a investigação bibliográfica na secção 2.3, quanto mais integrada for a estrutura de gestão fornecida pelas autoridades locais, maior será o contributo para a potencial melhoria dos objectivos da análise do problema na secção 2.2.

Capítulo 3

Metodologia proposta

3.1 Métodos e técnicas selecionados

Esta investigação foi um estudo crítico da gestão ambiental municipal no sector da gestão de resíduos na Grécia.

Como já foi referido, devido à falta de informação sobre as considerações ambientais nas práticas e procedimentos das autoridades locais no sector da gestão de resíduos, foi realizado um estudo qualitativo de carácter exploratório para se chegar a conclusões válidas sobre o objetivo da investigação e o tipo de questões que esta investigação colocava.

Um fator importante que ajudou a investigação a obter comparabilidade foi a homogeneidade do tipo de governo dos casos estudados, de modo a evitar constrangimentos como diferentes responsabilidades ambientais ou diferenças na legislação.

Além disso, as caraterísticas demográficas foram tidas em consideração para eliminar possíveis barreiras ao processo de recolha e análise de dados, o que reforçaria a credibilidade dos resultados da investigação (Bolli et al., 2001).

Uma vez que esta investigação estudou o fluxo de RSU, a caraterística de urbanismo da LA pareceu ser importante. Assim, devido ao facto de as quantidades de RSU serem baixas nas AL rurais e, consequentemente, estas enfrentarem problemas ambientais em diferentes fluxos de resíduos, a preocupação ambiental com os resíduos sólidos urbanos é reduzida.

Além disso, o número de agregados familiares, que se presume terem um impacto quantitativo elevado no fluxo de resíduos sólidos urbanos (Dr. Tukker et al., 2003; Karagiannidis et al., 2005), pode estar associado à variabilidade das considerações ambientais dos casos investigados.

Assim, foram escolhidas quatro AL de primeira linha, que foram categorizadas em diferentes grupos correlacionados com o número de agregados familiares e a caraterística de urbanismo, para enriquecer o estudo com dados empíricos, que foram aferidos com os requisitos de um SGA, tal como é introduzido na secção 2.3, utilizando como método o estudo de casos múltiplos (Flow chat 3.1), (Zobel, 2005).

A razão para escolher quatro AL em vez de um foi a lógica de replicação teórica da metodologia de estudo de caso (Yin, 1994) que sustenta que a evidência de estudos de casos múltiplos era mais apropriada para avaliar a validade e minimizar a probabilidade de erros de um único caso (Herriot & Firestone 1983; Sapsford & Jupp, 2006).

Por conseguinte, as autoridades locais selecionadas não deviam ser vistas como uma seleção representativa de todas as outras autoridades locais dentro dos grupos, mas foram escolhidas para reforçar o contexto mais amplo do estudo no processo de avaliação da gestão ambiental das autoridades locais e para satisfazer o carácter exploratório da investigação (Burstrom & Lindqvist, 2002; Noren & Malmborg, 2004).

Foi utilizada uma triangulação de fontes de dados para examinar o sistema administrativo e operacional das autoridades locais para os resíduos sólidos urbanos e identificar as lacunas entre os componentes do SGA e as práticas e procedimentos das autoridades locais para os resíduos sólidos urbanos na Grécia. Foi efectuada uma revisão da literatura aquando da seleção dos casos, a fim de identificar os trabalhos ambientais anteriores ou actuais das autoridades locais.

Foram realizadas entrevistas semi-estruturadas com funcionários e membros eleitos da administração dos serviços técnicos das autoridades locais e os dados foram recolhidos através de documentos relativos aos procedimentos de gestão das autoridades locais, regulamentos e decisões do Conselho de Ministros. O supervisor de contacto de cada caso validou a interpretação dos dados.

Por último, a informação proveniente dos dados recolhidos foi analisada em categorias (WG, 2005) relacionadas com a gestão do processo de resíduos, a análise ambiental das suas actividades de resíduos, a política ambiental da organização e o planeamento da sua gestão ambiental no sector dos resíduos. Em cada categoria foram criados padrões de análise com o "método comparativo constante" (Sapsford & Jupp, 2006), relacionados com o objetivo principal da investigação, o exame das semelhanças e diferenças entre as respostas das AA e as perspectivas teóricas dos SGA.

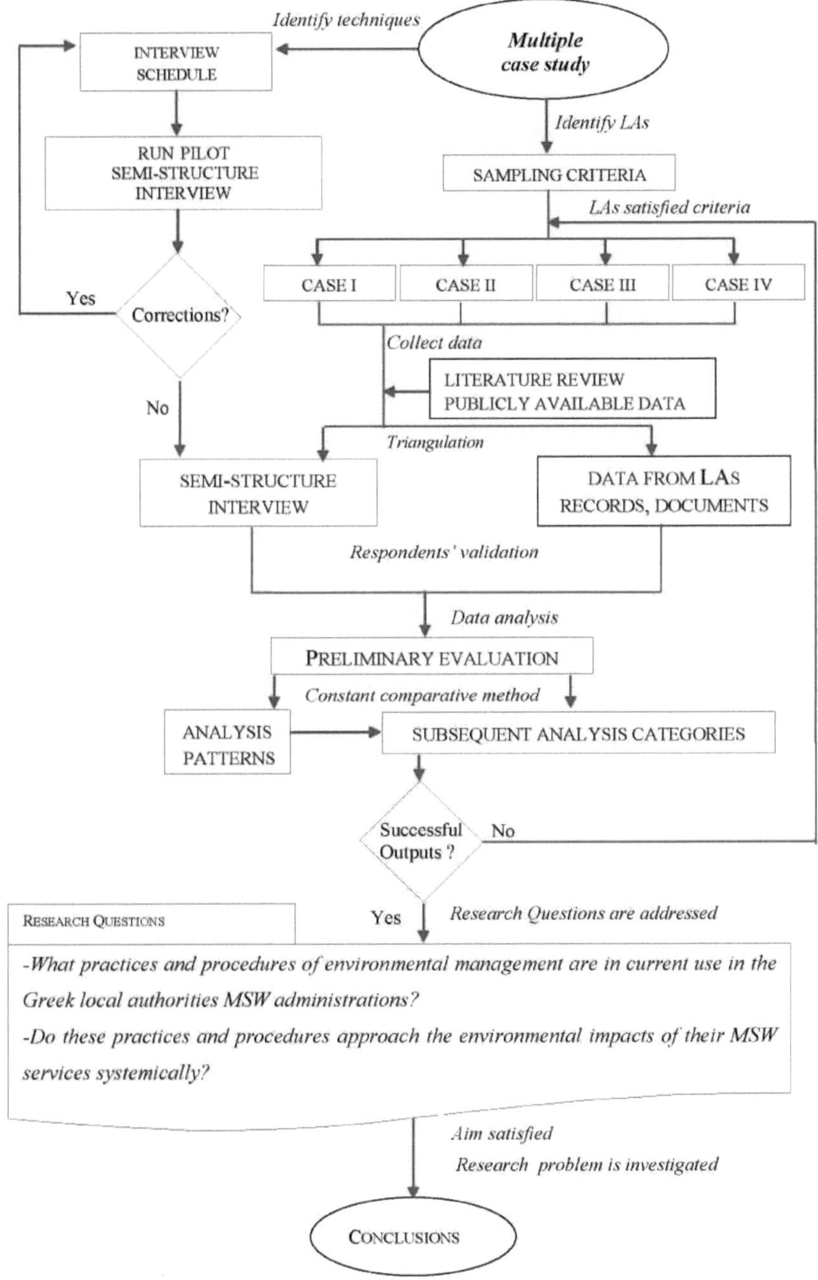

Fluxograma 3.1 *Declaração do método e das técnicas selecionadas*

3.2 Justificação

A investigação do problema revelou que as autoridades locais, enquanto administradores da gestão de resíduos, têm alguns objectivos a melhorar, nomeadamente

- Aplicação de acordos e legislação nacionais e internacionais.
- Integração dos aspectos ambientais nas políticas de resíduos.
- Melhor comunicação e colaboração com a direção e as PPP.

Os SGA são introduzidos como uma abordagem para as autoridades locais melhorarem o seu desempenho ambiental, proporcionando uma análise sistemática das formas como as actividades municipais afectam o ambiente e uma base para atenuar esses efeitos (Erdemenger, 1999).

A estratégia de investigação nesta pesquisa foi escolhida com base na natureza e no objetivo das questões de investigação. A razão para selecionar um estudo de casos múltiplos reside no facto de esta abordagem permitir obter uma compreensão e um conhecimento mais profundos do processo interno das autoridades locais no domínio da gestão de resíduos sólidos urbanos (Burstrom & Lindqvist, 2002).

Dada a complexidade da questão, a escolha de um inquérito como método teria aumentado o risco de mal-entendidos nas perguntas, resultando numa investigação de baixo valor (Noren & Malmborg 2004; Zobel, 2005). Não existe concorrência entre estas organizações, pelo que não haverá limitações éticas ou legais à partilha de informações sobre o processo. Além disso, de acordo com a teoria da metodologia de estudo de casos, os estudos de casos múltiplos produzirão dados comparáveis numa base mais alargada.

A adoção desta combinação de técnicas baseia-se na necessidade de assegurar a comparabilidade dos resultados e de eliminar os constrangimentos de diferentes formas de estruturação e apresentação da informação.

3.3 Procedimentos de investigação

Quatro autoridades locais foram convidadas a participar na investigação, nomeadamente

LA de Kalamaria, Salónica, Grécia - classe IV
LA de Paliou Falirou, Atenas, Grécia-classe III

LA de Neapoli, Salónica, Grécia-classe II

LA de Gianouli, Larissa, Grécia-classe I

Estas AL satisfaziam os critérios da sua classe, que são o número de agregados familiares e a caraterística urbana da AL. Estes critérios constituem factores importantes que afectam a produção de resíduos sólidos urbanos. (Tabela 3.1)

Case/Class name	Class spectrum	
	No. of households	Demographic characteristic
I	<5000	Urban
II	5.000-15.000	Urban
III	15.000-30.000	Urban
IV	>30.000	Urban

Quadro 3.1   *Divisão de classes com base no número de agregados familiares e caraterísticas de urbanismo* (Karagiannidis et al., 2005, p3; GSNSSG, 2001a)

Foi pedido a cada AL que fornecesse informações relacionadas com a gestão dos resíduos sólidos urbanos e com as considerações ambientais da sua administração. Todas as organizações concordaram em participar.

As autoridades locais selecionadas para análise realizaram um total de 10 entrevistas (Quadro 3.2).

Class	LA	Number of Interviews	Department	
I	Giannouli	2	Sanitation services	Alderman of sanitation services Public officer
II	Neapoli	3	Sanitation services	Alderman of sanitation services General manager of sanitation services Head manager
III	P. Faliro	2	Technical services Sanitation service	Public officer Head manager
IV	Kalamaria	3	Technical services Sanitation service Sanitation services	General manager Head manager Alderman of sanitation services
	Total	10		

Quadro 3.2   - Entrevistas de retorno das autoridades locais selecionadas

A abordagem adoptada na compilação desta investigação resultou no seguinte formato:

Após o acordo de participação das autoridades locais, procedeu-se a uma pesquisa bibliográfica para recolher o máximo de informação possível sobre o nível de desempenho das autoridades locais selecionadas e as suas práticas a partir de dados publicamente disponíveis, a fim de preparar bem o estudo.

Foi elaborado um guião de entrevista com base em manuais (Envirosphere, 2001; EMAS peer review for Cities project, 2004; 2004a; Sturm, 1998; WG, 2005) após uma investigação da literatura associada ao mesmo tópico. Foram escolhidas várias questões, de modo a definir os elementos dos procedimentos das autoridades locais em matéria de gestão de resíduos e considerações ambientais relacionadas com os requisitos do SGA, tal como se descreve na secção 2.3.

Quando o programa de entrevistas foi concluído, foi testado um projeto de cópia com a assistência de Ziampas A., engenheiro mecânico sénior e gestor de qualidade (2006).

Foram feitas outras sugestões relacionadas com o índice, a estrutura e o fluxo das perguntas na entrevista e com a forma como estas devem ser apresentadas pelo entrevistador. O projeto de guião da entrevista foi revisto na sequência destas sugestões.

Devido ao facto de as perguntas do programa de entrevistas abordarem várias perspectivas sobre os procedimentos, como o processo de tomada de decisões, foram realizadas outras entrevistas com eleitos que representam a gestão de topo.

Através de entrevistas, seguiram-se outras discussões para melhorar o valor dos resultados com observações e pormenores sobre o assunto, com mais esclarecimentos dos participantes.

As respostas dos participantes foram registadas num gravador de voz. Além disso, uma segunda pessoa anotou as respostas numa matriz de perguntas e respostas.

O raciocínio subjacente à seleção das perguntas para o programa de entrevistas - ver apêndice A - e as áreas em que as respostas são registadas estão descritas no quadro 3.3 (WG, 2005).

Area	Aims	Analysis
B,C	These questions define the procedure & responsibilities for coordination, administrative duties, 3rd party rights & responsibilities, communication strategy, training strategy and risk management of LAs for waste management.	Management of the waste process
D1	These questions review local situation, direct & indirect environmental aspects & define the significant aspects and the time period needed to be handled by the LAs.	Identification of environmental aspects
D2	These questions investigate if existing laws & regulatory directives applicable on the waste management are duly respected & coordinated.	Compliance with legislation
D3	These questions investigate the commitment of top management to the environment and define the environmental goals of the organisation.	Environmental Policy
E	These questions define the objectives, targets and management programme related to environmental aspects of waste management of the LAs.	Planning

Quadro 3.3 *Justificação da seleção das perguntas no programa de entrevistas*

A quantidade de documentos relativos à atividade ambiental da administração necessitou de mais tempo para ser analisada. Em primeiro lugar, os documentos foram copiados e analisados fora das autoridades locais e, em segundo lugar, foram discutidos com os funcionários.

Quando os dados das entrevistas foram analisados, foi enviada uma cópia preliminar a cada um dos supervisores de comunicação das autoridades locais, a fim de confirmar a sua exatidão. (Emilsson & Hjelm, 2004).

Finalmente, os dados recolhidos foram analisados nas seguintes categorias (WG, 2005).

S Gestão do processo de resíduos
- Estrutura e responsabilidade
- Controlo de funcionamento
- Formação
- Comunicação
- Gestão dos riscos

S Análise ambiental do processo de gestão de resíduos
- Identificação dos aspectos ambientaisambientais
- Cumprimento da legislação ambiental em vigor
- Política ambiental

S Procedimentos de planeamento no processo de gestão de resíduos
- Objectivos e metas

- Programa de gestão

As respostas dos inquiridos foram analisadas de acordo com os objectivos do programa de entrevistas, que são os seguintes .

- Identificar as práticas e os procedimentos atualmente utilizados pelas autoridades locais para a gestão dos RSU.
- Identificar se as práticas e procedimentos cumprem os requisitos do SGA.
- Avaliar a forma como foram abordados de forma sistémica.

O primeiro padrão de análise dos dados recolhidos relaciona-se com o objetivo principal da investigação, o segundo padrão relaciona-se com o exame das semelhanças e diferenças nas respostas das AL e o terceiro padrão relaciona-se com as perspectivas teóricas do SGA.

3.4 Considerações éticas

De acordo com o código de conduta voluntário para a realização de investigação primária, esta baseou-se em três princípios principais (RESPECT, 2006):
- Respeito pelas normas científicas
- Cumprimento da lei
- Evitar danos sociais e pessoais

Devido a este estudo, surgiu a necessidade de contactar uma investigação primária, o autor estava consciente destes princípios quando esta investigação foi concebida e realizada e estes manifestaram-se claramente nos resultados relatados (Sapsford & Jupp, 2006).

Mais especificamente, antes de obter autorização para contactar as entrevistas, cada AL estava ciente do âmbito da investigação e de que os resultados da investigação seriam anónimos. O autor recebeu autorização das autoridades locais antes de as envolver na investigação.

Quando as entrevistas se realizaram, as respostas foram registadas num gravador de voz, depois de solicitada a autorização dos participantes. A informação recolhida nas entrevistas foi obtida de forma clara e transparente, sem recurso a engano ou coação.

Quando os dados das entrevistas foram analisados, foi enviada uma cópia preliminar a cada um dos supervisores das autoridades locais para confirmar a sua exatidão. Por fim, os dados e as informações recolhidos foram apresentados e explicados de forma honesta e adequada, sem distorção ou deturpação.

Capítulo 4

Análise e resultados

4.1 Introdução

Este capítulo, a fim de lidar com a complexidade de um estudo de casos múltiplos, apresenta as conclusões de acordo com a análise subsequente, tal como é descrita no capítulo 3, mas mantém a sequência lógica da descrição dos dados recolhidos, a análise dos dados de acordo com os padrões descritos no capítulo 3 e apresenta os resultados em relação ao objetivo e às questões de investigação. Sempre que possível, as conclusões foram tabuladas para facilitar a consulta. Elevada, média, baixa e muito baixa são as respostas disponíveis nas tabelas de perguntas, que avaliam a magnitude da diferença entre os procedimentos da organização e os componentes do SGA.

4.2 Gestão do processo de resíduos

Informações de base para o levantamento das actividades de resíduos das autoridades locais

Pediu-se às autoridades locais participantes que descrevessem o tipo de serviços relacionados com os resíduos sólidos urbanos e o tipo de organização utilizada para os aplicar, de modo a mapear as actividades pré-existentes das suas autoridades locais.
administrações. (figura 4.1; figura 4.2; figura 4.3; figura 4.4)

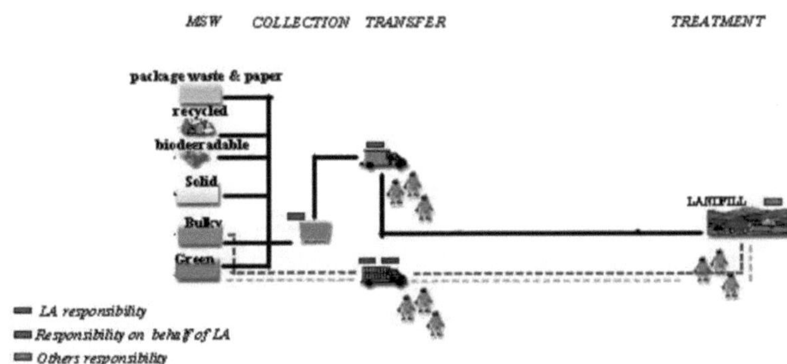

Fig. 4.1 Rede *de responsabilidades e funções executivas em RSU em AL de classe I*

Um aspeto importante a mencionar é o facto de os quatro casos oferecerem serviços de recolha de RSU e serviços separados do fluxo principal para resíduos volumosos e resíduos verdes. Com exceção dos O caso II, que transferiu responsabilidades para a empresa local, todas as outras administrações executam elas próprias as actividades de RSU e só como exceção o serviço de recolha de resíduos verdes é transferido para as suas empresas locais. Também nenhum dos casos participa ou fornece um serviço de recolha de resíduos recicláveis.

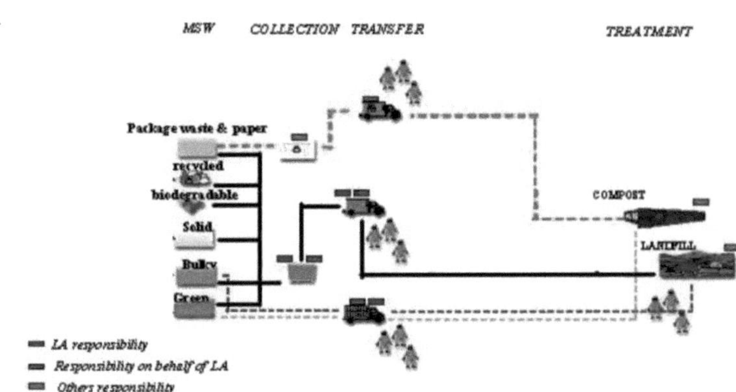

Fig. 4.2 Rede *de responsabilidades e funções executivas em RSU no AL da classe II*

Os casos II, III e IV referiram que existe um serviço de reciclagem de resíduos de papel no seu território, cujo responsável é a associação de autoridades locais da sua região, mas não ativamente no mesmo.

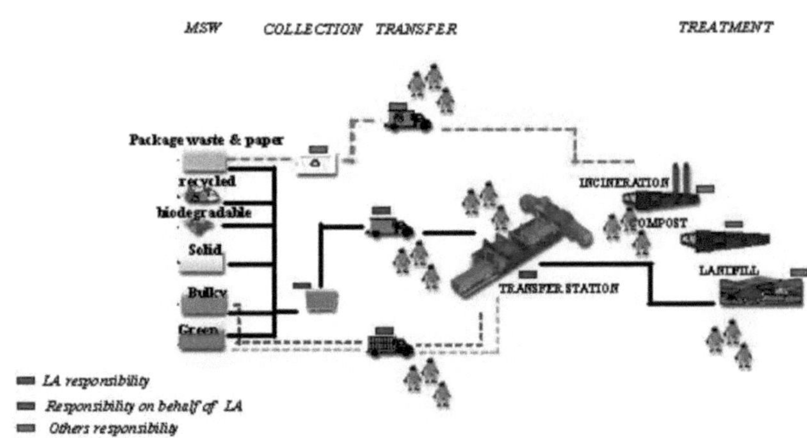

Fig. 4.3 Rede *de responsabilidades e funções executivas em RSU no AL da classeIII*

O Caso IV está prestes a iniciar, em setembro de 2006, um serviço de recolha de resíduos de plástico, vidro, papel e embalagens com a colaboração de uma ONG.

Todas as quantidades de resíduos recolhidos, que são da responsabilidade dos casos, são depositadas em aterros sanitários. Nos casos II, III, IV a responsabilidade pela administração dos serviços de tratamento de resíduos cabe à associação das autoridades locais da sua região sob a autoridade da sua prefeitura, mas no caso I a responsabilidade administrativa e a autoridade são da autoridade da autoridade local da sua região.

Considerando as infra-estruturas de serviços de resíduos nas suas regiões, os casos II e IV referem que existe um local de eliminação com anomalias graves e uma instalação de compostagem, mas as instalações de reciclagem e reutilização ainda estão em construção. O caso I refere apenas um aterro sanitário e o caso III refere uma estação de transferência da responsabilidade e autoridade das autoridades locais. Também na sua região, existem instalações para reciclagem e reutilização e um local de eliminação com anomalias graves.

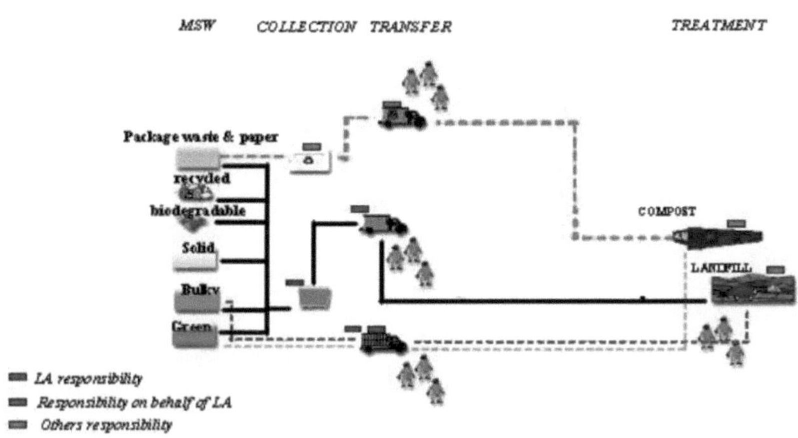

Fig. 4.4 Rede *de responsabilidades e funções executivas em RSU na AE da ClasseIV*

Por último, a fim de identificar o impacto ambiental potencialmente causado pela quantidade de resíduos sólidos urbanos produzidos nas autoridades locais participantes, as quantidades estimadas de RSU produzidas para o período 2005-2006 foram comparadas com a quantidade média de resíduos urbanos nacionais gregos gerados, em kg por pessoa e por ano, que consistia nos resíduos recolhidos pelas autoridades municipais ou em seu nome e eliminados através do sistema de gestão de resíduos em 2004 (Eurostat, 2006) - gráfico 4.1.

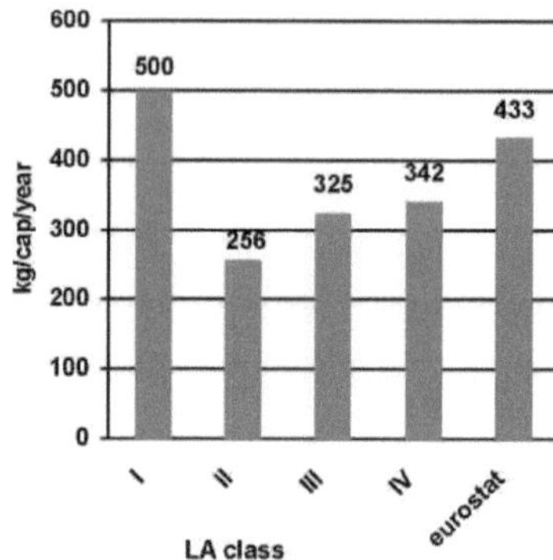

Gráfico. 4.1 Volumes de RSU produzidos per capita por ano (kg/cap/ano) das autoridades locais participantes

As conclusões que resultaram das informações recolhidas são as seguintes

- A inexistência de um serviço de recolha de RSU recicláveis demonstra a aplicação limitada das considerações ambientais na gestão dos RSU, uma vez que se trata de um problema prático.

- O leque de responsabilidades verifica a complexidade das organizações que participam nas instalações de RSU.

- As instalações de gestão de resíduos com baixo impacto ambiental estão, na sua maioria, sob a autoridade das autoridades locais e das suas empresas; em contrapartida, as instalações com maior impacto ambiental estão sob a responsabilidade das associações das autoridades locais.

- As autoridades locais recusaram-se a assumir responsabilidades pela gestão de resíduos numa perspetiva voluntária, mas aplicaram rigorosamente todas as responsabilidades numa perspetiva obrigatória.

Estrutura e responsabilidade pela gestão ambiental

Foi pedido a todos os participantes que fornecessem informações pormenorizadas sobre a existência ou não de funções, responsabilidades e autoridade separada definidas para facilitar a gestão ambiental nos serviços de gestão de resíduos (quadro 4.1).

Findings				
	IV	III	II	I
Defined, documented and communicated roles for environmental management	Medium	Medium	Medium	High
Resources (human, technical skills, financial) to implement an EMS	Medium	Medium	Medium	High
Management representatives assigned responsibility for ensuring the environmental management requirements implementation	Medium	Medium	Medium	High

Quadro 4.1 *Avaliação das respostas das autoridades locais sobre a estrutura e a responsabilidade pela gestão ambiental*

De acordo com a teoria, é conveniente definir e documentar as funções e responsabilidades pela gestão dos aspectos ambientais decorrentes da gestão de resíduos. Além disso, a gestão de topo deve disponibilizar recursos humanos, tecnológicos e financeiros suficientes para controlar eficazmente estes aspectos e deve ser definida uma autoridade distinta para garantir a eficácia da gestão ambiental e informar a gestão de topo (EMAS peer review for city projects, 2004).

Nos casos estudados, as competências e os deveres do departamento de saneamento das autoridades locais estão definidos numa decisão do conselho documentada que é publicada no jornal oficial do governo; no entanto, não existe qualquer diretiva legal que especifique responsabilidades separadas para o impacto ambiental dos serviços de saneamento, exceto algumas formulações gerais para a proteção do ambiente que não estão diretamente ligadas.

Independentemente do que precede, todos os casos procederam à reconstrução da sua estrutura de organização interna, de modo a lidar melhor com as questões ambientais, com exceção do caso I, que se vê impedido de prosseguir devido a limitações de recursos humanos e financeiros.

No caso II, os serviços técnicos, que incluem os serviços de saneamento, têm a certificação ISO 9001. No caso III, foi recentemente criado um novo departamento para a proteção do ambiente, que inclui um gabinete para a melhoria dos métodos de gestão de resíduos. O mesmo departamento existe no caso IV, embora os aspectos ambientais dos serviços de saneamento não estejam incluídos nas suas responsabilidades.

A autoridade de decisão geral para todos os casos, incluindo as questões ambientais, é o gabinete das autoridades locais. No caso I, é difícil definir representantes específicos da direção, pelo que o presidente da câmara é o supervisor e atribui ocasionalmente funções em matéria de ambiente.

Os responsáveis pelas questões ambientais relacionadas com a gestão de resíduos nos casos II, III e IV são o diretor-geral dos serviços de saneamento e o vereador dos serviços de saneamento, com exceção do caso III, em que o diretor-geral do departamento de proteção ambiental partilha responsabilidades.

Uma análise dos procedimentos em todos os casos mostra que as principais responsabilidades ambientais estão relacionadas com procedimentos específicos definidos, que são utilizados principalmente para especificar propostas técnicas relativas a critérios ambientais na aquisição de novos equipamentos e para recolher dados sobre fontes de poluição no ambiente urbano.

Uma exceção é o caso II, que já está certificado com a norma ISO 9001. As competências técnicas são adequadas, com exceção de algumas limitações em termos de recursos humanos e financeiros. Devido à estrutura existente na administração, os procedimentos do SGA podem ser potencialmente mais fáceis de adotar. Não existe uma autoridade separada, embora estas responsabilidades possam ser atribuídas pelos mesmos representantes que gerem o sistema de qualidade.

Nos casos III e IV, existem recursos humanos e financeiros suficientes, embora as competências técnicas possam constituir uma limitação devido à experiência e iniciativa política limitadas.

Os resultados que podem ser obtidos a partir das informações compiladas são os seguintes

- Em todos os casos, nem os procedimentos das autoridades locais para a gestão dos aspectos ambientais nem as pessoas envolvidas estão claramente documentados.
- As autoridades locais são legalmente responsáveis pela determinação das competências e deveres em matéria de serviços de saneamento, mas não pelas responsabilidades distintas em matéria de ambiente.
- Existe uma diferença fundamental entre a classe I e as outras classes que não dispõem de recursos suficientes.
- Todos os casos executam os seus serviços cumprindo principalmente o quadro legislativo existente.
- Dois casos, as classes III e IV, têm melhores capacidades de adaptação aos procedimentos do SME devido à sua estrutura de administração descentralizada.

Controlo operacional do impacto ambiental

Foi pedido a todos os participantes que identificassem as operações e actividades associadas ao controlo das operações actuais para evitar impactos ambientais.

Quadro 4.2 Avaliação das respostas das autoridades locais relativas ao controlo operacional dos aspectos ambientais

Findings	IV	III	II	I
Identification of operations associated with significant environmental aspects	Medium	Medium	Medium	High
Documentation of procedures for identified activities and operations to minimize the potential impact on the environment	High	High	High	High
Development of operating criteria in the procedures	Medium	Medium	Medium	High
Identification of requirements and relevant procedures which are communicated to suppliers and contractors	Medium	Medium	Medium	Medium

De acordo com a perspetiva teórica do SGA, um procedimento de controlo de operações abordado de forma sistemática exige que as operações ou actividades associadas a aspectos ambientais significativos sejam identificadas e que se estabeleçam procedimentos documentais com critérios operacionais específicos para as actividades e operações identificadas, a fim de minimizar o seu potencial impacto no ambiente. Estes critérios operacionais devem também ser comunicados aos potenciais contratantes e fornecedores (Comunidades Europeias, 2001a; Sturm, 1998).

No que diz respeito às actividades a que as autoridades locais inquiridas estão associadas, estas são o armazenamento temporário, a recolha e a transferência de RSU e os processos de manutenção. O Código Municipal e Comunitário obriga as AL a garantir um tratamento seguro dos resíduos, prevenindo acidentes ambientais e controlando as doenças.

É evidente a necessidade de uma melhor identificação dos aspectos ambientais das suas actividades. Todos os casos, uma vez que foram motivados pelo Código Municipal e Comunitário, enquadram o seu funcionamento e actividades num regulamento documentado para o saneamento harmonizado com a legislação nacional, a fim de controlar os aspectos ambientais significativos. Neste regulamento, são descritos o objetivo, a área a que a instalação se aplica, as definições de termos sobre resíduos e a edificação da responsabilidade. No entanto, havia sérias diferenças. Necessidade de atualização e deficiências entre os regulamentos dos casos devido a uma aplicação superficial. O caso III tem a atualização mais recente do seu regulamento, harmonizada com as novas leis e diretivas da UE.

Não existem procedimentos documentados significativos para as actividades e operações identificadas para minimizar o impacto potencial no ambiente. Para além de alguns procedimentos, tais como o planeamento do percurso de recolha de resíduos e a elaboração de relatórios, todos os casos optam por desenvolver uma solução de tubagem final quando o problema é visível.

No que respeita ao processo de manutenção, existe um procedimento documentado para o serviço do equipamento, tal como um ficheiro documentado para cada serviço do veículo, principalmente por razões financeiras. É importante mencionar que todos os casos participam em programas de reciclagem, que são fornecidos por empresas qualificadas pelo MEPPW, para borrachas, baterias e óleos velhos provenientes dos serviços do equipamento.

No que se refere aos requisitos que devem ser comunicados aos fornecedores e empreiteiros, estes são cumpridos através dos termos de conformidade e dos requisitos técnicos dos contratos ou através dos critérios operacionais e ambientais identificados pela prefeitura e pelas regiões, que qualificam os contratantes.

As informações recolhidas conduzem aos seguintes resultados

- Nenhum dos casos trabalha efetivamente de forma sistemática para identificar os aspectos ambientais das suas operações, no entanto, nos casos III e IV, os aspectos ambientais foram abordados de forma mais adequada no procedimento documentado para a operação das suas actividades de resíduos.
- Os procedimentos de funcionamento são maioritariamente orientados para a descrição da área a que a instalação se aplica, definições de termos sobre resíduos e edificação da LA e responsabilidade dos cidadãos.
- Os regulamentos de saneamento das classes I, II e IV não são revistos desde 2002 e os da classe III desde 2004.

    - Exceto no caso I, as outras autoridades locais podem participar e concretizar novos procedimentos
    - Os procedimentos documentados para a reciclagem de resíduos de manutenção, como borrachas, baterias e óleos usados, obtiveram uma resposta direta e eficaz das administrações, principalmente devido a orientações nacionais.
    - O procedimento de controlo operacional está concebido de forma a resolver os problemas apenas quando estes ocorrem.
    - Os critérios de funcionamento e ambientais para os contactores são, na sua maioria, definidos por outras administrações públicas.

Na parte seguinte, foi pedido aos participantes que identificassem procedimentos de formação para questões ambientais relacionadas com as suas actividades.

Quadro 4.3 Avaliação das respostas das autoridades locais relativamente à sensibilização e competência em matéria de formação para as questões ambientais

Findings				
	IV	III	II	I
Formal procedures to ensure training needs	High	High	Low	High
Appropriate training for all personnel whose work may create a significant impact upon the environment	High	High	Low	High

De acordo com a teoria, é muito importante que as necessidades e os procedimentos de formação sejam identificados e estabelecidos em primeiro lugar, conduzindo à formação adequada dos trabalhadores e dos potenciais contratantes externos.

No que se refere à formação interna dos novos funcionários, esta depende das competências dos funcionários mais antigos; uma exceção foi o caso II que, aparentemente devido aos procedimentos ISO para a qualidade da sua organização de serviços, organizou um procedimento interno de formação contínua com seminários internos para os seus funcionários sobre várias questões, incluindo as ambientais. Por último, todos os casos referem que os contratos com os fornecedores de novos equipamentos incluem uma cláusula que prevê igualmente a formação dos trabalhadores.

Os resultados que derivam da informação compilada são os seguintes: -O caso II identificou as necessidades de formação dos seus empregados, mas o procedimento centra-se mais na qualidade do que no impacto ambiental.

-Nenhum dos casos estabelece e mantém procedimentos de formação dos trabalhadores sobre o impacto ambiental das suas actividades.

-No entanto, embora os funcionários estejam conscientes das suas responsabilidades relativamente ao funcionamento, estas não estão ligadas a procedimentos documentados.

Comunicação sobre questões ambientais

Na parte seguinte da entrevista, foi pedido às autoridades locais que descrevessem os procedimentos internos e externos da sua comunicação sobre questões ambientais.

***Quadro 4.4* Avaliação das respostas das autoridades locais pertinentes para a comunicação sobre questões ambientais**

Findings	IV	III	II	I
Formal procedure for internal communication of environmental	Medium	Medium	Low	High
Co-operation with other parts of the LA on environmental issues	Medium	Medium	Medium	Low
Formal procedure for receiving, responding to, and documenting external communication relating to environmental issues	Medium	Medium	Medium	High

Os procedimentos existentes na administração para a comunicação interna já foram estruturados com um procedimento documentado bem estabelecido. No entanto, embora através desse procedimento toda a informação circule entre os departamentos, não existe uma disposição específica para as questões ambientais. O caso I tem procedimentos mais simples, que consistem apenas nas reuniões do gabinete. No entanto, uma vez que o número de funcionários é reduzido, a comunicação não oficial é por vezes mais eficaz do que a oficial. Nos casos II, III e IV de AL de maior dimensão, existe um gabinete separado que se encarrega da divulgação da comunicação interna e externa de toda a sua organização. No entanto, no caso II, uma vez que reorganizaram os seus procedimentos de acordo com o sistema de qualidade ISO, estabeleceram dois tipos de reuniões: reuniões entre os diferentes níveis da organização e reuniões semanais, mensais e anuais.

No que respeita à cooperação com os outros departamentos, no caso I, devido à pequena dimensão, não existem departamentos, mas sim funcionários que cooperam sempre que necessário. Os outros casos, uma vez que as questões ambientais dizem geralmente respeito a vários departamentos, necessitam de uma ligação estável entre os departamentos, pelo que o departamento de saneamento coopera com o departamento técnico, o departamento de proteção do ambiente, o departamento de chefia e o departamento financeiro.

No que respeita à comunicação entre as administrações externas e as autoridades locais, as administrações das regiões dispõem de um procedimento formal denominado "convite de interesse" para informar as autoridades locais sobre várias questões, incluindo as ambientais. No que respeita à comunicação entre as administrações locais e as administrações externas, existe um procedimento formal com a cooperação do serviço de protocolo, que tem a responsabilidade de receber, divulgar e arquivar as informações junto dos serviços competentes, bem como as eventuais respostas às mesmas.

Não existe qualquer obrigação legal de disponibilizar ao público informações sobre a gestão de resíduos, a menos que sejam necessárias e digam respeito à participação dos cidadãos. No entanto, com o objetivo de dar a conhecer o seu trabalho ambiental, as autoridades locais disponibilizam várias vezes informações sobre a gestão de resíduos na sua área. Os meios para este tipo de informação são os jornais locais e o sítio Internet das autoridades locais, que, por diversas vezes, através de artigos, informam o público sobre temas como a gestão de resíduos. Por vezes, foram realizadas campanhas com o objetivo de informar os cidadãos por razões educativas ou de os motivar a participar mais ativamente.

Os resultados que derivam da informação compilada são os seguintes

-Todos os casos, com exceção do caso I, estabeleceram um procedimento de comunicação interna através do qual um departamento distinto divulga as decisões do Presidente da Câmara e do gabinete aos serviços adequados.

-Caso I: devido à sua pequena dimensão, a comunicação com as autoridades superiores é mais frequente, o que consiste na melhoria da informação recebida pela sua administração,

-Assim, o caso II implementou o sistema de gestão da qualidade, estabeleceu reuniões entre os níveis da administração e, em determinadas ocasiões, criou procedimentos integrados para a comunicação interna.

- Existem procedimentos formais que as autoridades superiores utilizam para comunicar com as AL.

-Existe um procedimento formal com a cooperação do serviço de protocolo, que tem a responsabilidade de receber, divulgar e arquivar os documentos pertinentes.

Preparação e resposta a emergências relacionadas com questões ambientais

Na parte seguinte, solicitou-se aos participantes que identificassem procedimentos para situações de emergência relacionadas com questões ambientais ligadas às suas actividades

Quadro 4.5 **Avaliação das respostas das autoridades locais relativamente à gestão do risco**

Findings	IV	III	II	I
Environmental emergency plan	High	High	Medium	High
Procedures to prevent or mitigate the occurrence of potential associated environmental impacts	High	High	High	High
Review and revision of emergency procedures when necessary, in particular, after an emergency incident	Medium	High	High	High
Test of the emergency procedures	High	High	High	High

Nenhum dos casos tem um procedimento documentado de plano de emergência ambiental, embora participem no plano de emergência "Xenokratis", que está sob a autoridade e responsabilidade das prefeituras e dos bombeiros e inclui também acidentes ambientais.

As ocorrências potencialmente associadas ao impacto ambiental não podem ser mitigadas pelas administrações das AL, porque exigem a participação de uma administração de nível superior, como a associação de AL, a prefeitura, a região administrativa e enormes recursos financeiros.

Por último, nenhum dos casos analisa ou revê os procedimentos de emergência, uma vez que estes não estão sob a sua autoridade, nem testa os seus procedimentos de emergência.

As informações recolhidas conduzem aos seguintes resultados

-Todos os casos participam no plano de emergência, que coordena as acções da prefeitura e dos bombeiros.

-O caso IV tem um gabinete separado para gerir os problemas ambientais no seu território.

-Todos os casos, exceto o caso I, incluíram no seu procedimento elementos para definir a preparação para emergências, os requisitos de resposta e a perspetiva ambiental.

4.3 Análise ambiental do processo de resíduos

Aspectos ambientais diretos e indirectos na gestão dos RSU

Na parte seguinte, foi pedido às autoridades locais que descrevessem a sua opinião sobre os aspectos ambientais causados pela gestão de resíduos e a sua abordagem para os resolver.

Tabela 4.6 **Avaliação das respostas das autoridades locais sobre os aspectos ambientais causados pelas actividades de resíduos**

Findings	IV	III	II	I
Identification of the environmental LA controlled aspects that are expected to have significant influence	Medium	Medium	Medium	High
Procedure for identifying and reviewing the environmental aspects and evaluating their significance	High	High	High	High
Procedure to keep up-to-date information for environmental aspects	Medium	Medium	Medium	High

De acordo com a teoria, é muito importante identificar os aspectos ambientais nos serviços que controlam a organização, para que possam ser geridos de forma sistemática. É necessário estabelecer procedimentos e manter actualizada a informação sobre os aspectos ambientais diretos e indirectos associados às suas actividades de resíduos.

No caso I, é do interesse local identificar o impacto ambiental menor e reduzido do seu sítio. Infelizmente, as orientações das autoridades superiores, da prefeitura e da região administrativa são limitadas. Os procedimentos para identificar os aspectos ambientais significativos estão apenas relacionados com a legislação; por conseguinte, o que a autoridade local faz é cumprir a lei sem identificar nenhum por si própria. As autoridades locais atribuíram aos seus aspectos ambientais locais de elevada importância a identificação através de uma iniciativa conjunta de todas as autoridades locais da região.

Dois dos problemas mais importantes que ocorrem no caso I são um sítio contaminado e o transporte e eliminação de resíduos perigosos. Além disso, a gestão de resíduos reciclados e de embalagens e o volume crescente de resíduos sólidos urbanos são questões que os preocuparão nas suas políticas futuras.

Caso I: no que diz respeito aos aspectos ambientais indirectos da sua administração, a autoridade local participa na associação local de autoridades locais, à qual concedeu a autoridade para cartografar e planear o plano de gestão de resíduos do seu território. Pela mesma razão, a autoridade local estabeleceu relações com a prefeitura, a associação local de autoridades locais e a autoridade local da metrópole da região. Para fazer face aos seus aspectos ambientais, foram efectuados investimentos nos últimos tempos. Trata-se da reabilitação de um local de eliminação não controlado no território, do fornecimento de novos veículos de recolha de resíduos e contentores e da construção de novas instalações para o equipamento de gestão de resíduos.

No caso II, existem alguns procedimentos documentados que são mantidos actualizados com informações, mas estão sobretudo relacionados com o impacto ambiental menor e reduzido contido nos limites da sua área local. Existe cooperação com a associação de autoridades locais da região no que respeita ao impacto ambiental mais elevado, que está relacionado com a sua região. O volume crescente de resíduos sólidos urbanos é a questão mais importante que se coloca às autoridades locais, mas estas podem enfrentá-la sem assistência. As decisões administrativas e de planeamento para a gestão de resíduos são tomadas em cooperação com a associação local de autoridades locais, na qual se realizam reuniões em que as autoridades locais participantes aceitam o cumprimento das decisões tomadas. A educação e a sensibilização do público são efectuadas através de campanhas, do jornal local, do sítio Internet e de algumas exposições locais. No que se refere a investimentos, a AL procedeu ao fornecimento de novas viaturas de recolha de lixo e à substituição de contentores de lixo.

No caso III, existem procedimentos documentados, incluindo informações actualizadas e formas de lidar com o impacto ambiental menor e reduzido das suas instalações. Foram efectuadas avaliações do impacto ambiental mais elevado do seu sítio, mas não de todos. A maior parte dos impactos está sob a supervisão do Ministério do Ambiente, da sua região administrativa e da Associação de autoridades locais da sua região, sendo da sua competência efetuar a avaliação e tratar dos mesmos. A gestão dos resíduos biodegradáveis e a gestão dos resíduos reciclados e das embalagens, bem como o risco de acidentes ambientais, são prioritários nas suas políticas futuras. No que se refere ao processo de decisões administrativas e de planeamento, o departamento de proteção do ambiente da AL, em cooperação com o departamento de saneamento, planeia e propõe calendários e o gabinete toma as decisões. Existe igualmente uma cooperação com a Associação das autoridades locais da região. Finalmente, considerando os investimentos, as autoridades locais procederam ao fornecimento de novos veículos de recolha de resíduos e à reconstrução da sua estação de transferência de resíduos .

No caso IV, existem também procedimentos documentados, incluindo informações actualizadas e formas de lidar com os aspectos ambientais menores e menos importantes do seu sítio. Preferem participar na associação de autoridades locais e cooperar com empresas privadas, de modo a que a avaliação dos aspectos ambientais associados mais elevados seja abordada de forma completa e eficiente. Atualmente, as autoridades locais analisam o aumento do volume dos aspectos ambientais diretos dos resíduos sólidos urbanos e a gestão dos resíduos reciclados e embalados. Entre as preocupações das políticas futuras estão também o aumento da utilização de recursos naturais e o transporte de resíduos perigosos. A educação e a sensibilização do público são também efectuadas através de campanhas, do jornal local e do sítio Internet. No que se refere a investimentos, a AL procedeu ao fornecimento de novos veículos de recolha de lixo e de contentores para a reciclagem de resíduos recicláveis e de embalagens.

Foi perguntado a todos os casos o que consideravam ser os principais obstáculos à identificação e/ou abordagem dos aspectos ambientais das suas actividades de resíduos de AL. Foi-lhes também perguntado que tipo de orientação era necessária.

Case	Obstacles	Guidance
I	-Belated provision of beneficiary financial resources -Modernisation of material and technical infrastructure -Limited presence in the planning process	-Observance of Law 1829/89* on training of Elected member -Strengthening and widening of the role of LA
II	-Belated provision of beneficiary financial resources -Employee support - Political support	Observance of Law 1829/89 on training of Elected members, -motives, better communication
III	-Political support -Belated provision of beneficiary financial resources -Limited presence in the planning process	-Observance of Law 1829/89 on training of Elected member. -Strengthening and widening of the role of LAs
IV	-Employee support -Political support -Belated provision of beneficiary financial resources	-Motives, better communication -Training of Elected members.

Tabela 4.7 *Respostas das autoridades locais participantes sobre os obstáculos e orientações para identificar e tratar os aspectos ambientais nas suas actividades relacionadas com os resíduos*

As informações recolhidas conduzem aos seguintes resultados

-No caso I, a menor autoridade local dos outros três ainda não avançou para obter procedimentos documentados para o seu baixo impacto ambiental.

-Todos os casos tratam dos impactos ambientais menores e reduzidos dos seus serviços.

-Nenhuma delas efectuou uma avaliação integrada dos impactos ambientais dos seus serviços.

-Os aspectos ambientais mais elevados associados à gestão de resíduos estão incluídos nas obrigações das autoridades superiores.

- Não existe uma integração sistémica dos aspectos ambientais nos seus procedimentos.

- Todas as respostas dos casos mostram uma compreensão média dos aspectos ambientais indirectos relacionados com a gestão de resíduos.

- Os principais obstáculos à identificação dos aspectos indirectos, tal como foram definidos pelas autoridades locais, foram a disponibilização tardia dos recursos financeiros dos beneficiários, a modernização das infra-estruturas materiais e técnicas e a presença limitada das autoridades locais no processo de planeamento.

Requisitos legais e outros

Na parte seguinte, foi pedido às autoridades locais que descrevessem as suas actividades a fim de garantir o cumprimento da legislação.

Quadro 4.8 Avaliação das respostas das autoridades locais relativamente aos requisitos legais e outros

Findings	IV	III	II	I
Procedure to ensure legal and other requirements for environmental performance applicable to environmental aspects of the LA's activities, and services	Medium	Medium	Medium	High
Access to relevant environmental legislation and other requirements	Low	Low	Low	Medium

De acordo com a teoria, é importante que a organização esteja ciente de toda a legislação e requisitos relacionados com os aspectos ambientais dos seus serviços de gestão de resíduos.

O caso I tem um pequeno ficheiro de legislação relevante mas, na sua maioria, coopera com a autoridade local da região ou da prefeitura. No entanto, nos casos II, III e IV, existe um gabinete de serviços jurídicos separado que se dedica à manutenção de ficheiros de legislação para todas as questões em que a AL está envolvida.

As informações recolhidas conduzem aos seguintes resultados

-Não existe um procedimento separado para garantir que as autoridades locais tenham conhecimento de toda a legislação ambiental aplicável, mas asseguram que todos os requisitos legais podem ser obtidos.

   - Política ambiental

Foi perguntado aos participantes se existe uma política ambiental documentada incluída nos seus serviços de gestão de resíduos.

Nenhum dos 4 casos tem uma política ambiental documentada.

4.4 Identificação das prioridades de planeamento

Objectivos e metas para as questões ambientais

Foi pedido às autoridades locais que identificassem os objectivos e metas que a sua administração estabeleceu relativamente às questões ambientais da gestão de resíduos.

Quadro 4.9 Avaliação das respostas das autoridades locais relativamente aos objectivos e metas De acordo com a teoria, as organizações devem identificar os seus objectivos e metas específicas relacionadas com os seus serviços, a fim de melhorar o seu desempenho ambiental.

Findings	IV	III	II	I
Objectives are set and available in a document	Medium	Medium	Medium	High
The environmental objectives and targets set taking into account the significant environmental aspects, legal requirements, technological options, financial considerations, third party interests, the LA's environmental policy, and prevention of pollution	High	High	High	High

As principais responsabilidades legais das autoridades locais e das partes interessadas na gestão de resíduos relacionadas com a gestão de resíduos, segundo o MEPPW (2006), são as seguintes

i.   Elaborar planos de gestão,

ii.   executar projectos de resíduos sólidos,

iii.   explorar instalações de tratamento de resíduos e

iv.   implementar projectos de restituição para locais de eliminação não controlados.

Em todos os casos, é relevante, a nível local, estabelecer objectivos e metas para a gestão de resíduos em que as questões ambientais também sejam tidas em conta. A realização dos objectivos que cada caso estabelece está diretamente relacionada com a garantia dos recursos adequados. Esta situação afecta a forma como os objectivos são estabelecidos, porque os objectivos que necessitam de grandes orçamentos financeiros são deixados para as administrações públicas superiores. No entanto, os objectivos estabelecidos pelos próprios casos não abrangem todas as actividades de gestão de resíduos e conduzem a um esforço não contínuo para lidar com elas. Outra questão que realmente importa na definição de objectivos é a vontade política, que acrescenta mais complicações. No quadro 22, descrevem-se os objectivos e as metas dos casos examinados.

	Objectives	Targets
I	***LA Objectives*** -Improvement of waste management equipment plants	Construction new waste management equipment plants
	-Improvement of collection and transfer system	Provision of new RCV (refuse collection vehicle)
	Region objectives -Rehabilitation of an uncontrolled disposal places	Rehabilitation of an uncontrolled disposal site in their territory name "Falani"
	Local association of LAs objectives -Establish new waste management plan	Waste management plan for the district of Larissa
II	***LA objectives*** -Ensure public health	Kerbside collection system Wash container vehicle
	-Appropriate manner of MSW handling	Procurement new RCV

	Association of LAs objectives	
	-Update the regulation of sanitation	Revision of regulation
	-Development new treatment systems for separate streams of MSW	No target specified
	-Construction recycling parks	No target specified
	-Development databases for keeping up in files information related to waste	No target specified
	-Activation of municipal policy for the observance of regulation for sanitation	Creation of Municipal police department
	-Education and awareness of the citizens	No target specified
III	*LA objectives* -Atmosphere protection	Waste transfer station
	-Ensure public health	Kerbside collection system Wash container vehicles
	-Appropriate manner of MSW handling	Procurement new RCVs
	-Education and awareness of the citizens	No target specified
IV	*LA objectives* -Ensure public health	Kerbside collection system Wash container vehicles
	-Appropriate manner of MSW handling	Procurement of new RCVs
	-Betterment of urban quality	Kerbside collection system
	Association of LAs objectives -Update the regulation of sanitation	Revision of regulation
	-Development of new treatment systems for separate streams of MSW	Recycling Programme for glass, plastic aluminium, and package materials Procurement of new recycling containers
	-Construction recycling parks	No target specified
	-Development databases for keeping up in files information related to waste	Database of the daily quantities for each RCV
	-Activation of municipal policy for the observance of regulation for sanitation	Creation of Municipal police department
	-Education and awareness of the citizens	No target specified

Quadro 4.10 Objectivos *e metas dos casos examinados*

Os objectivos e metas não são definidos num procedimento separado, mas documentados como decisões do gabinete, mas são tratados como se fossem projectos.

-Há alguns objectos que são definidos no processo de planeamento, mas não estão ligados a objectivos específicos.

-Os objectivos regionais em que as autoridades locais participam, mas que são coordenados por autoridades superiores, têm responsabilidades mais bem identificadas; os recursos são garantidos e associados a metas específicas de sucesso.

Todos os casos se concentram principalmente na análise da execução dos orçamentos para atingir os objectivos, cuja maioria é a construção de infra-estruturas.

-Sem a avaliação dos aspectos ambientais das suas actividades, não é possível estabelecer um processo de planeamento integrado.

Programa de gestão ambiental

Foi pedido às autoridades locais que identificassem se os objectivos e metas da sua administração em matéria de gestão de resíduos estão definidos num programa de gestão ambiental.

Quadro 4.11   **Avaliação das respostas das autoridades locais relativamente ao programa de gestão ambiental**

Findings	IV	III	II	I
Program in place to ensure environmental objectives and targets.	High	High	High	High
Program in place designates responsibilities for achieving its environmental objectives and targets.	Medium	Medium	Medium	High
Program in place sets out the time frame and the procedures so that environmental objectives and targets are met.	Medium	Medium	Medium	High
Program capability to amend to take into account new projector or modified activities.	High	High	High	High

De acordo com a teoria, é adequado estabelecer um programa de gestão a fim de garantir que os objectivos e metas sejam atingidos. No entanto, nenhum dos casos estabeleceu o seu próprio programa de gestão ambiental nem um plano de gestão de resíduos próprio. No entanto, participam em programas de autoridades superiores. Assim, os prazos e os procedimentos são fixados e estabelecidos pelas administrações superiores. As autoridades locais assumem o papel de materialização dos programas, utilizando a sua capacidade de organização interna e apresentando-os como projectos.

Também na administração são utilizados outros instrumentos, como impostos, taxas de resíduos e licenças de funcionamento, para atingir objectivos nos quais se incluem a garantia da saúde pública e a obtenção de uma forma adequada de tratamento dos RSU (quadro 4.12).

Quadro 4.12 **Respostas das autoridades locais participantes sobre os instrumentos que utilizam para atingir os seus objectivos**

Instruments				
Ambient and clean-up standards	No	No	No	No
Technology standards	No	No	Yes	No
Operating permits	Yes	Yes	Yes	Yes
Landfill standards	No	No	No	No
Transportation requirements	Yes	Yes	Yes	Yes
Requirements for separation of municipal waste	No	No	No	No
Economic instruments				
Waste fees	Yes	Yes	Yes	Yes
Taxes	Yes	Yes	Yes	Yes
Subsidies	No	No	No	No
Voluntary agreements	No	No	No	No
Enforcement compliance	No	No	No	No
Compensation and liability rules	No	No	No	No
Integrated pollution control	No	No	No	No

Os resultados que podem ser obtidos a partir das informações aplicadas são os seguintes

-o papel das Las é limitado pelo quadro do sistema de administração central, no qual apenas lhes é atribuída alguma jurisdição.

-as acções e a planificação das autoridades locais estão em sintonia com a planificação da administração superior.

- Parece que, independentemente da sua dimensão e capacidade, as autoridades locais não procederam à separação das necessidades de proteção ambiental das suas actividades com objectivos claros, a fim de as colocar num programa de gestão ambiental pró-ativa.

-A classe II devido à ISO 9001 procedeu ao programa de qualidade, uma referência que ao implantar sistemas normalizados, as organizações procedem a procedimentos que desenvolvem de forma mais sistemática o funcionamento da organização.

Capítulo 5

Conclusões

5.1 Conclusões sobre as questões de investigação

A questão de investigação evoluiu a partir do problema prático de administrar de forma mais sistemática o fluxo de resíduos sólidos urbanos na Grécia, uma questão que ocorre principalmente nas autoridades locais de primeiro nível, uma vez que são elas que os gerem em primeiro lugar. A integração da perspetiva ambiental no seu processo de gestão de resíduos foi vista como uma oportunidade potencial para melhorar o desempenho da sua administração.

A análise dos problemas práticos na secção 2.2 identificou que as autoridades locais de primeiro nível não sabem como administrar este fluxo de resíduos de acordo com a nova tendência em que a ênfase é colocada na sustentabilidade e na integração. Este facto indicou a existência de questões essenciais para a potencial melhoria do seu processo de gestão dos RSU, que devem ser avaliadas em primeiro lugar, a fim de serem melhoradas.

Uma revisão do conhecimento relevante existente sobre o assunto, que emergiu do resultado da análise do problema, desenvolveu as seguintes questões de investigação:

Que práticas e procedimentos de gestão ambiental são atualmente utilizados nas administrações de RSU das autoridades locais gregas?

Estas práticas e procedimentos abordam os aspectos ambientais dos seus serviços de RSU de forma sistémica?

Os conhecimentos teóricos existentes introduziram o SGA, um instrumento de gestão sistémica para a proteção do ambiente, como uma abordagem que permite uma análise sistemática das formas como as actividades municipais afectam o ambiente. Foi realizada uma investigação primária junto das administrações técnicas das autoridades locais, a fim de determinar se estas dispõem de procedimentos de gestão administrativa que cumpram os requisitos do SGA e avaliar se abordam de forma sistemática as considerações ambientais nos seus procedimentos relativos aos RSU.

As principais conclusões relativas à gestão do processo de resíduos demonstraram que o quadro institucional das autoridades locais reduz o desenvolvimento de procedimentos ambientais em função da tecnologia que possuem, da capacidade humana da organização, que inclui políticos e funcionários, e dos recursos financeiros que conseguiram assegurar.

A esfera alargada de responsabilidade na gestão de resíduos e os mecanismos regulamentares complexos levam as autoridades locais a moldar os seus procedimentos sobretudo de acordo com os requisitos legais de proteção ambiental, que é a norma mínima.

Uma vez que as administrações superiores estão envolvidas, embora as autoridades locais reconheçam a importância da proteção ambiental, preferem o papel de apoiantes, uma atitude que não reforça nem mesmo os procedimentos existentes para os aspectos ambientais mais baixos.

Os procedimentos existentes para a determinação das responsabilidades e o controlo operacional dos aspectos ambientais das suas actividades relacionadas com os resíduos foram considerados insuficientes, uma vez que deveriam ter sido definidos de forma mais clara. Além disso, verifica-se que as autoridades locais dão mais atenção à parte técnica do processo. O que se observou foi a ausência de uma proteção ambiental proactiva nos procedimentos de controlo das operações.

No que se refere aos procedimentos de formação para a sensibilização e a competência dos trabalhadores em matéria de ambiente, parece que as autoridades locais têm uma grande distância a percorrer para estabelecer um procedimento integrado de formação ambiental, embora os trabalhadores pareçam estar conscientes do sentido lógico de um funcionamento ambientalmente correto.

Os procedimentos de comunicação já estão bem estruturados, especialmente os externos.
É óbvio que, para as autoridades locais, as questões mais comuns da comunicação externa são o orçamento e os relatórios financeiros, raramente abrangendo as questões ambientais.

Observa-se também que a aplicação de sistemas de gestão integrados - como no caso II - ajuda a organização a estabelecer um procedimento integrado de comunicação que consegue eliminar os obstáculos de comunicação entre a administração da AL e a empresa local.

No que se refere aos procedimentos de preparação para situações de emergência, as observações levam a concluir que algumas iniciativas, como a descentralização dos serviços de proteção do ambiente, não têm efeitos diretos nos procedimentos das instalações de resíduos, pelo que funcionam retroativamente. Observa-se também que as autoridades locais desempenham um papel colateral na proteção do ambiente.

A principal observação relativa à análise ambiental dos procedimentos é que não foram efectuadas avaliações integradas dos aspectos ambientais das actividades relacionadas com os resíduos e, tal como se refere também na secção 2.2, não foi possível adotar uma abordagem bem sucedida e sistémica para confrontar os seus aspectos ambientais no âmbito dos seus procedimentos sem antes avaliar os aspectos ambientais das suas actividades. Este facto pode ser potencialmente atribuído à atitude das organizações de cumprirem apenas o que a legislação exige.

Uma segunda observação é que as autoridades locais procedem a procedimentos documentados para o impacto ambiental de baixo impacto que ainda não foram estabelecidos de forma exaustiva. A razão para tal pode ser a experiência e participação limitadas no processo de planeamento dos aspectos ambientais de elevado impacto, como foi salientado no quadro com os obstáculos à identificação dos aspectos e também referido na análise do problema.

No que se refere aos requisitos legais das suas actividades, o que se observou é que existe uma base de dados principal de requisitos legais e regulamentares para as actividades básicas das autoridades locais e que, em caso de necessidade, estas põem-na em prática. É importante referir que, uma vez que desconhecem os aspectos ambientais das suas actividades e que os requisitos legais e regulamentares em matéria de ambiente e resíduos são tão numerosos e complexos, é difícil manter e atualizar a sua base de dados. No entanto, pelo menos nas grandes autoridades locais, foi criado um departamento jurídico organizado, que tem a capacidade de obter qualquer requisito legal necessário.

Nas autoridades locais, apesar de quererem ser uma organização amiga do ambiente, não há um compromisso da gestão de topo com os objectivos ambientais através de uma política ambiental escrita. Tal como referido no ponto 2.2, a direção de topo deve funcionar como uma força motriz da organização, promovendo uma atitude positiva e abrindo caminho a novas ideias, pondo assim de lado a velha gestão.

Por último, no que se refere aos programas de gestão ambiental e aos objectivos, observou-se que as autoridades locais fazem um esforço contínuo para responder aos desafios que as novas questões ambientais lhes colocam. O procedimento de definição de objectivos e metas está em constante reavaliação, dependendo dos pedidos da administração superior e das necessidades orçamentais. O cumprimento das metas depende da garantia do orçamento e não dos aspectos ambientais do objeto.

5.2 Conclusões sobre o objetivo da investigação

O principal objetivo da investigação foi o seguinte

Identificar as lacunas entre os requisitos do SGA e as práticas e procedimentos actuais da gestão administrativa dos RSU das autoridades locais gregas e apresentar recomendações de medidas necessárias para resolver as deficiências.

Em relação à abordagem para a avaliação da gestão ambiental municipal proposta na revisão da literatura e às informações obtidas pelas autoridades locais participantes, foram acrescentados novos conhecimentos a esta investigação. As recomendações que se seguem baseiam-se nestes novos conhecimentos.

Recomenda-se vivamente que as organizações procedam à identificação e avaliação dos aspectos ambientais das suas actividades relacionadas com os resíduos.

-Deve ser adoptada uma política ambiental escrita das organizações.

-Cada organização deverá proceder a uma avaliação do risco causado pelas actividades de gestão de resíduos e ao estabelecimento de um plano de emergência.

Recomenda-se igualmente que as organizações procedam à criação de uma base de dados separada dos requisitos legais e regulamentares de acordo com os aspectos ambientais das suas actividades.

- As necessidades de formação devem ser identificadas e documentadas num procedimento que permita a realização de uma formação programada seminários para membros eleitos e funcionários sobre questões de desenvolvimento da gestão ambiental.

5.3 Trabalhos futuros

No projeto EMAS das cidades de revisão pelos pares (2004), as conclusões do projeto mantêm a opinião de que é necessário um estudo mais aprofundado dos aspectos ambientais indirectos das actividades das autoridades locais, de modo a que possam ser concebidos novos instrumentos e abordagens com o objetivo de associar os aspectos a impactos ambientais significativos para o seu controlo proactivo. No entanto, nenhuma das autoridades locais participantes trabalhou nos aspectos ambientais indirectos das suas actividades, pelo que não puderam ser validados por este estudo. Assim, um estudo explicativo seria de maior interesse para complementar novas abordagens para a associação de aspectos ambientais ao seu impacto significativo.

5.4 Implicações da investigação

Embora esta investigação se centre principalmente na administração das autoridades locais no domínio da gestão de resíduos sólidos urbanos, o SGA teria implicações benéficas também para outros departamentos das autoridades locais (Burstrom, 2000).

A investigação concentrou-se na gestão de resíduos sólidos urbanos e as recomendações promoveram este conceito. Por conseguinte, a implementação dos procedimentos do SGA pode ser definida como uma parte do processo das autoridades locais para implementar um plano de gestão ambiental, tal como é recomendado na estratégia temática urbana (WG, 2005).

Isto proporcionará uma abordagem abrangente para desenvolver o seu planeamento e as suas considerações ambientais, incluindo também novas práticas, tais como procedimentos de ecologização, e outros departamentos "mais suaves" das autoridades locais, ou seja, escolas e assistência social, conforme necessário (Burstrom, 2000; EMAS peer review for Cities project, 2004).

Referências

Aall, C. (1999) "The manifold history of eco-auditing and the case of municipal eco-auditing in Norway", *Eco-management and Auditing,* vol. 6, pp. 151-157.

Andreou, G. (2004) *Multilevel governance: EU Landfill Directive in Greece,* Dublin, Dublin European Institute. Disponível em: http://www.oeue.net/papers/greeceeulandfilldirecti ve.pdf (Acesso em: 21 de setembro de 2006)

Bolli, A. & Emtairah, T. (2001) *Environmental benchmarking for local authorities: From concept to practice*, AEA, Environmental issues report No 20.

Burstrom, F. (2000) 'Environmental Management systems and Co-operation in municipalities', Local *Environment,* vol. 5, no. 3, pp. 271-284.

Burstrom, F. & Korhonen, A. (2001) 'Municipalities and industrial ecology: Reconsidering municipal environmental management", *Sustainable Development,* vol. 9, pp. 36-46.

Burstrom, F. & Lindqvist, A. (2002) 'Environmental Information Management in Municipalities', *Local Environment,* vol. 7, no. 2, pp. 189-201.

Chondroleou, G., Elcock, H., Liddle, J. & Oikonomopoulos, I. (2005) 'A comparison of local management regeneration in England and Greece', *International Journal of Public sector management,* vol. 18, no. 2, pp. 114-127.

Creedy, A. (2001) 'The first two steps of the EMAS process'. *EMAS news,* no 1, Disponível em: http://euronet.uwe.ac.uk/emas/emas01_uk.pdf. (Acesso em 21 de setembro de 2006)

DHLG (Department of the Environment and Local Government), (1995) *Local Authorities and Sustainable Development: Guidelines on Local Agenda 21*, Dublin, Stationary office, http://www.environ.ie/DOEI/doeipub.nsf/0/22eb358f59499ce280256f0f003db 978/$FILE/1995Guidelines%5B1%5D.pdf (Acesso em: 21 de setembro de 2006)

Drury, M.J. (2000) 'The use of ISO 14001 Environmental Management systems for Water Management Functions in Local Authorities', in *Water 2000 Conference,* Auckland, New Zealand,19-23 March 2000.NZ Water and Wastes Association.

Dupois, M., Gonzalez, M. & Knadel, M. (2004) *Municipal solid waste treatment in the EU,* Aarhus, Centre for Environmental studies, ISBN 87-7785-158-7

Projeto EMAS Peer Review for Cities (2004) *Environmental Management Systems in European Cities and EMAS delivering the EU 6th Environmental Action Programme*, equipa do projeto EMAS Peer Review for Cities, SUB 02/344301 relatório completo

Projeto EMAS Peer Review for Cities (2004a) *EMAS implementation guidebook for municipalities in the European Union*, UBC & EMAS Peer Review for Cities project team, SUB 02/344301

Emilsson, S. (2003) "How to make standardised environmental management systems (EMSs) a more powerful tool in local authorities", In *12th International conference of Greening of Industry Network*, Hong Kong,7-10 November 2003,Partnerships for sustainable development

Emilsson, S. (2005) *Local authorities approaches to standardised environmental systems*, Dissertação n.º 939, Universidade de Linkopings.

Emilsson, S. & Hjelm, O. (2002) "Mapping environmental management system initiatives in Swedish Local authorities: A national survey", *Corporate Social responsibility and Environmental management, n.º 9*, pp. 107-115.

Emilsson, S. & Hjelm, O. (2002a) "Implementation of standardised environmental management systems in Swedish local authorities: Reasons, expectations and some outcomes", *Environmental Science & Policy,* no. 5, pp. 443-448.

Emilsson, S. & Hjelm, O. (2004) "Different approaches to standardised environmental management systems in local authorities: Two case studies in Gothenburg and Newcastle", *Corporate Social responsibility and Environmental Management, n.º* 11, pp. 48-60.

Envirosphere EMC Inc. (2000) *Guide to ISO 14001-Implementation in the municipal waste management sector*, Ontario Ministry of the Environment, Queen's Printer, Ontario, ISBN 0-7778 -9546-3

Erdmenger, C. (1998) "From business to municipality and back", *Local Environment,* vol. 3, no. 2, pp. 371-379.

Erdemenger, C.(ed) (1999), "Environmental Management Instruments - Glossary of terms". *Local Loops - how environmental management cycles contribute to local sustainability*, Freiburg, 15-22 May 1999, eds. Erdmenger, C., Burzacchini A. & Levett, R., (ICLEI) The International Council for Local Environmental Initiatives - International Training Centre and Environmental Management Department, 1999,pp. 167-175.

Erdmenger, C. (1999a), "Os instrumentos de gestão ambiental têm de ser organizados em ciclos". In *Local Loops -how environmental management cycles contribute to local sustainability*, Freiburg, 15-22 May 1999, eds. Erdmenger, C. ,Burzacchini A. & Levett, R., (ICLEI) The International Council for Local Environmental Initiatives - International Training Centre and Environmental Management Department, 1999, pp. 11-20.

Projeto EURO-EMAS (2001) *Implementing EMAS in Europe's Local Authorities,* Câmara Municipal de Newcastle, LIFE 98 ENV/UK000605 final.

Comunidades Europeias. Conselho. (1999) *Diretiva 1999/31/CE do Conselho, de 26 de abril de 1999, relativa à deposição de resíduos em aterros,* Jornal Oficial L 182, 16/07/1999 P. 0001 - 0019

Comunidades Europeias. Comissão Europeia. (2001) *O sexto programa de ação em matéria de ambiente,* Bruxelas, COM 31 final.

Comunidades Europeias. Parlamento Europeu. (2001a) *Autorização da participação voluntária de organizações num sistema comunitário de ecogestão e auditoria (EMAS),* Luxemburgo: Jornal Oficial das Comunidades Europeias, Regulamento (CE) n.º 761/2001

Comunidades Europeias. Comissão. (2003) *Relatório da Comissão ao Conselho e ao Parlamento Europeu sobre a aplicação da legislação comunitária em matéria de resíduos - Diretiva 75/442/CEE relativa aos resíduos, Diretiva 91/689/CEE relativa aos resíduos perigosos, Diretiva 75/439/CEE relativa aos óleos usados, Diretiva 86/278/CEE relativa às lamas de depuração e Diretiva 94/62/CE relativa a embalagens e resíduos de embalagens - no período 1998-2000,* Bruxelas 2003, COM 250 final/3.

Comunidades Europeias. Comissão Europeia. (2004) *Para uma estratégia temática sobre ambiente urbano.* Bruxelas, COM 60 final.

Comunidades Europeias. Comissão. (2005) *Proposta de diretiva do Parlamento Europeu e do Conselho relativa aos resíduos.* Bruxelas, COM 667 2005/0281/(COD).

Comunidades Europeias. Comissão Europeia. (2006) *Comunicação da Comissão ao Conselho e ao Parlamento Europeu relativa a uma estratégia temática sobre ambiente urbano.* Bruxelas, COM 718 final.

Eurostat (fevereiro de 2006) *Municipal waste generated,* disponível em: http://epp.eurostat.ec. europa.eu/portal/page?pageid=1996,39140985&dad=portal&schema=PORTAL&sc reen=detailref&language=en&product=Yearlies new environment energy&root=Year lies new environment energy/H/H1/H 12/en051 (acesso em 21 de setembro de 2006)

Eurostat (fevereiro de 2006a) *Treatment of municipal waste,* disponível em: http://epp.eurostat. ec.europa.eu/portal/page?_pageid=1996,39140985&_dad=portal&_schema=PORTAL &screen=detailref&language=en&product=Yearlies_new_environment_energy&root= Yearlies_new_environment_energy/H/H1/H12/ddb14096 (acesso em 21 de setembro de 2006)

Ficher, Cr. & Crowe, M.(2000) *Household and municipal waste: Comparability of data in EEA members countries*, AEA, relatório temático nº 3/2000.

Gervais, C., Dr. (2002) *An overview ofEuropean Waste and Resource Management Policy*, Forum from the future. Disponível em: http: //www.forumforthefuture.org .uk/docs/ publications/204/AnOverviewofEuropeanWasteandResourceManagementPolicy.pdf (Acesso em 21 de setembro de 2006)

GETF (Global environment & Technology foundation) (2000) *The US EPA environmental management system pilot program for local government entities*. US EPA. Disponível em: http://www.getf.org/ewebeditpro/items/O70F6769.pdf (Acedido em 21 de setembro de 2006)

Gnardelli, T. (2005) *Waste management in Greece: A general overview on the problem of solid wastes,* Atenas, Tribunal de Contas Helénico. Disponível em: http://www.rechnungsh of.gv.at/veranstaltungen/fileadmin/downloads/Beitraege WGEA/Greece waste text. doc (Acedido em 21 de setembro de 2006)

GNSSG (Secretariado Geral do Serviço Nacional de Estatística da Grécia) (2001) *Local level main characteristics ofpopulation and private households*. Disponível em: http://www .statistics.gr/gr tables/S1101 SAP 01 TB DC 0104 Y.zip (Acedido em 21 de setembro de 2006)

GNSSG (Secretariado Geral do Serviço Nacional de Estatística da Grécia) (2001a) *Quadro 7 Local level urban characteristics ofpopulation* Disponível em: http://www.statistics.gr/gr tables/ S1100 SAP 1 astik.htm (Acedido em 10 de março de 2006).

Herriot, R.E. & Firestone, W.A. (1983) 'Multisite qualitative policy research: optimizing description and generalizability', *Educational Reseacher*, vol.12,no 2,p.p 14-19,citado em Zombel T.(2005)

ISWA (International Solid Waste Association) (2002) *Industry as partner to sustainable development,* International Solid Waste Association & UNEP, ISBN: 92-807-2194-2.

Jacobsen D.I.,Thorsvik J. (1998)Hur Moderna Organisationer Fungerar.Studentliteratur:Lund, citado em Malmborg, F. (2002).

Karagiannidis,A., Xirogiannopoulou, A. & Moussiopoulos, N. (2006) "On the effect of demographic charasteristics on the formulation of solid waste charging policy", *Waste management,* vol. 26, no. 2, pp. 110-122.

Levvet,R. (1996) 'Overview/synthesis', In *ICLEI second international expert seminar Munster,* London, June 1996, pp.1-17.

LIFE focus (2003) *A sustainable approach for the environment - LIFE and the Community Eco-Management and Audit Scheme (EMAS),* Luxemburgo, OPEC, Comunidades Europeias, ISBN 92-894-0543-0

Malmborg, F. (2002) 'Environmental Management Systems, communicative action organizational learning', *Business strategy and the Environment,* , n.º 11, pp. 312-323.

Malmborg, F. (2003) "Environmental Management systems: What is in it for Local Authorities?", *Journal of Environmental Policy & Planning,* vol. 5, no. 11, pp. 3-21.

Mc Donach, K.,Vaneske, P. (2002) 'Environmental management systems and sustainable development', *The environmentalist,* no 22,pp.217-226

MEPPW (Ministério do Ambiente, do Planeamento e das Obras Públicas). YPECHODE. (2001) *National report of Greece-Special session of the general assembly for an overall review and appraisal of the implementation of habitat agenda,* ETERPS, Athens.

MEPPW (Ministério do Ambiente, do Planeamento e das Obras Públicas), Departamento de Relações Internacionais e Assuntos Europeus. (2002) *Johannesburg Summit 2002-Greece profile.* Disponível em: http://www.un.org/esa/agenda21/natlinfo/wssd/greece.pdf (Acedido em 21 de setembro de 2006)

MEPPW (Ministério do Ambiente, do Planeamento e das Obras Públicas), Departamento de Relações Internacionais e Assuntos Europeus. (2004) *Greece country profile-National reporting to the twelfth session of the Commission on sustainable development of the United Nations,* Ministério do Ambiente, do Planeamento e das Obras Públicas, Atenas.

MEPPW (Ministério do Ambiente, do Planeamento e das Obras Públicas). YPECHODE. (2006) *Responsabilidades administrativas relacionadas com a gestão de resíduos.* Disponível em: http7A\Λ\Λ\-.minec.gr/ts/Διαχε{ρισιι-Στερε⅛JV-Aποβλ'ητωV--Eισι']yιισιι-TΔΣA-ΥΠE.ΧΩΔ E.doc

(Acedido em 21 de setembro de 2006)

Noren, H. & Malmborg, F. (2004) "Os SGA normalizados são úteis nas autoridades locais? A study of ho\ a tool from the private sector is used in the public sector', *Business strategy and the Environment,* , no. 13, pp. 187-197.

OCDE (Organização para a Cooperação e Desenvolvimento Económico) (1997) 'Managing across levels of Government :Greece', in *Managing Across Levels of Government,* 1st edn, OCDE, pp. 229-242.

OCDE (Organização para a Cooperação e Desenvolvimento Económico) (2001) *OECD Environmental Performance Reviews (1st Cycle): Conclusions & Recommendations of 32 Countries (1993-2000).*Disponível em: http://www.oecd.org/dataoecd/19/56/2432829.pdf (Acedido em 21 de setembro de 2006)

Paraskevopoulos,J.C.,Dr. (2003) 'Evolution and/or Intention? -Measuring the impact of Europeanization on Domestic Environmental Policy Networks in Cohesion (Greece, Ireland, Portugal) and CEE (Hungary, Poland) Countries', in *Explaining Environmental Policy in Central Eastern Europe,* Edinburgh, 28 March - 2 April, 2003, eds. B.D. Connaughton & B. Quinn Dr., ECPR, pp.1-12.

PM (Project Management Group) & DG Ambiente (1999) *Handbook on the Implementation of EC Environmental Legislation,* DG Ambiente. Disponível em: http://ec.europa.eu/environment/enlarg/pdf/handbook_impl_ec_envi_legisl.pdf (Acedido em setembro de 2006)

Pyrgiotis, L.,Dr. (1998) *Experiences gained through the participation of local authorities in Structural Funds programmes in Greece,* LOGON, Disponível em: http://www.ceec- logon. net / download/material/strfd_gr.doc (Acesso em 21 de setembro de 2006)

Rivera-Camino, J. (2001) "What motivates European firms to adopt environmental management systems?", *Eco-Management and Auditing, n.º* 8, pp. 134-143.

Sapsford, R.& Jupp, V. (2006) *Data collection and analysis,*2ᵈ edn. Sage publications in association with the Open University, ISBN 0-7619-4363-3.

Unidade de Estratégia (2002) *Waste no, Want not: Strategy for tackling the waste problem in England (Estratégia para resolver o problema dos resíduos em Inglaterra).* Londres, Crown.

Sturm, A., Dr. (1998) *ISO 14001: Implementing an environmental management system,* Ellipson AG, versão

2,02.

Tucker, A. Dr., Hoongendoom, J. & Luiten H. (2003) *Scenarios of household waste generation in 2020*, IPTS, ESTO& EC join research centre, relatório final EUR 20771 EN.

PNUA (Programa das Nações Unidas para o Ambiente) (2000) *Municipal Solid Waste Management,* PNUA, [Em linha]. Disponível: http://www.unep.or.jp/ietc/ EST dir /Pub/ MSW/ (Acedido em 24 de novembro de 2005)

WCED (World Commission on Environment and Development) (1987) *Our common Future*, Oxford University Press, Oxford, citado em Mc Donach, K., Vaneske, P. (2002)

WG (Working Group) (2005) *Final report on Environmental Management Plans and Management Systems*, DG Ambiente, versão 3.2.

William,S., Dagg,S., Richardson,J., Aschemann,R., Palern,J. & Steen,U. (2001) *SEA and Integration of the Environment into Strategic Decision- Making- Volume 1(Main Report)*, London, ICON Ltd, CEC Contract No.B4-3040/99/136634/MAR/B4 .

Xithali, K.T. & Valatsos, A. (1998) *Basic information on the Greek Local Authorities structures,* LOGON, Disponível em: http://www.ceec- logon.net/download/material/str_gren.doc [2005, 10 de outubro].

Yin R. 1994.*Case study Research: Design and Methods*, 2[nd]edn. Sage: Thousands Oaks, CA, citado em Noren, H. & Malmborg, F. (2004).

Ziampas, A. 2006, engenheiro mecânico sénior e gestor de qualidade, Hfaistos Stefanou Ltd, Echedoros, Salónica, Grécia, comunicação pessoal, março de 2006.

Zombel T.(2005) *Environmental management systems:Policy implementation and environmental effects,* tese de doutoramento 2005:32/ISSN 1402-I 544, Universidade de Tecnologia de Lulea.

Apêndice A

<u>Programa de entrevistas para a avaliação inicial de referência</u>

Identificação da lacuna entre os requisitos do SGA e as actuais práticas e procedimentos de gestão da administração de RSU das autoridades locais gregas.

<table>
<tr><td colspan="2">A Local authority communication details</td></tr>
<tr><td colspan="2">Local authority name...</td></tr>
<tr><td colspan="2">Supervisor details</td></tr>
<tr><td>Supervisor:...

Department: ....</td><td>Communication details: ....

....</td></tr>
<tr><td colspan="2">Other personel interviewed</td></tr>
<tr><td>Supervisor:...

Department: ....</td><td>Communication details: ....

....</td></tr>
<tr><td>Supervisor:...

Department: ....</td><td>Communication details: ....

....</td></tr>
<tr><td>Supervisor:...

Department: ....</td><td>Communication details: ....

....</td></tr>
</table>

<table>
<tr><td colspan="1">B Background information for mapping waste activities</td></tr>
<tr><td>

1. What kind of collection services your organisation provides for the MSW stream?

This might include ....Municipal solid waste(general); Recycled wastes (glass, plastic, aluminium); Package waste, Special waste (electric, batteries, rubbers); 'Green " waste (parks, gardens); Bulky waste

</td></tr>
<tr><td>

2. What type of organisation is used by your organisation to provide these types of services?

(Please give specific information)

This might include....100% Local Authority; DSO, Joint venture; Local authority enterprise; Private contractor

Municipal solid waste (general) ....

Recycled wastes (glass, plastic, aluminium) ....

Package waste...

Special waste (electric, batteries, rubbers)...

'Green' waste (parks, gardens)...

Bulky waste...

Biodegradable waste...

Other........................ ....

</td></tr>
<tr><td>

3. What kind of treatment services your organisation provides for the MSW stream?

This might include...Landfill(with or without methane recovery); Incineration (with or without energy recovery); Composting; MRF (Material Reclamation Facility).

</td></tr>
<tr><td>

4. What type of organisation is used by your organisation to provide these treatment services or the municipal solid waste stream? **(please give specific information)**

This might include... 100% Local Authority; DSO, joint venture; Local Authority enterprise; Private contractor.

Landfill (with or without methane recovery) ....

Incineration...

Composting...

MRF (Material Reclamation Facility) ....

Other........................ ....

</td></tr>
<tr><td>

5a. Is the organisation legally obliged to measure the sources of the municipal waste?

  b. If not is this issue relevant to your organisation?

</td></tr>
</table>

6. Does your organisation collect information on sources of the municipal waste?
(please give specific information)

This might include…..

Waste quantities and trends: (tones per residents of % type of disposal)...........................

Production of municipal solid waste. ....

Percentage of municipal solid waste that is openly burned...

Percentage of municipal solid waste that is disposed..

Percentage of municipal solid waste that is reused..

Percentage of municipal solid waste that is recycled...

C Management of the waste process

C1 *Structure and responsibility*

7. Has the organisation implemented or is in the process of implementation an environmental management system of any kind, standardised of your own?

8. Does the organisation have defined , documented and communicated roles for environmental management?**(please elaborate)**

9. Does management ensure that there are sufficient resources (human resources, technical skills, and financial resources) to implement an environmental management system?

(please elaborate)

10 a. Are specific management representatives assigned responsibility for ensuring that the environmental management is correctly administrated?

  b. If yes, do they report on the system to top management?**(please elaborate)**

C2 *Operational control*

11. Does the organisation identify operations or activities that are associated with significant environmental aspects? **(please elaborate)**

This might include… operations with significant air emissions, waste water discharge, etc.

12 a. Is the organisation legally obliged to identify environmental aspects?

  b. If not is this issue relevant to the organisation?

13 a. Does your organisation collect information on the environmental aspects?

  b. If yes, has the organisation established and documented procedures for the identified activities and operations to minimize their potential impact on the environment?

  (please elaborate)

This might include …procedures to ensure pollution control. Equipment maintenance procedures, etc.

14. Do the developed procedures specify operating criteria?

This might include… technology standard, operating permits, requirements for separation of waste, etc.

15. Does the organisation have procedures to ensure that the significant aspects of the services used by the organisation are identified and the requirements and relevant procedures are communicated to potential suppliers and contractors? **(please elaborate)**

C3 *Training Awareness and competence*

16. Does the Municipality have a formal procedure in place to ensure that training needs are identified?

17 a. Is the organisation legally obliged to identify environmental aspects?

b. If not is this issue relevant to the organisation?

18. Have all personnel whose work may create a significant impact upon the environment, received the appropriate training and are they competent?

19. If yes are all personnel aware of the importance of conforming to the environmental policy, their roles and responsibilities, the significant impacts their work might cause, the consequences of departure from specified operating procedures, and the actions required in case of an emergency situation? **(please elaborate)**

C4 *Communication*

20. Does the organisation have a formal procedure in place for internal communication of environmental information between the various levels and functions of the organisation?

21. If yes how to do you and your organisation co-operate with other parts of the organisation on environmental issues?(please amplify)

22. Does the organisation have a formal procedure in place for receiving, responding to, and documenting external communication related to environmental issues?

23a. Is the organisation legally obliged to make waste management information available to the public?

b. If not, is this relevant issue to the municipality?

c. If yes, is waste management information available to the public and how?

C5 *Emergency Preparedness and response*

24. Has the organisation identified potential environmental emergency scenarios and established emergency response procedures for them?

This might include… spills, fires, on-site wastewater treatment plant failure, etc.

25. Has the organisation identified potential environmental impacts associate with established procedures to prevent or mitigate their occurrence?

This might include…installation of spill containment equipment, designated chemical storage areas, etc.

26. Are emergency procedures reviewed and revised when necessary, in particular, after an emergency incident?

27. Are the emergency procedures tested where practicable?

D1 *Environmental direct and indirect aspects in the MSW process*

28a. Is the organisation legally obliged to identify environmental aspects?

  b. If not is this issue relevant to the organisation?

29. Has the organisation identified the environmental aspects that it controls and over which can it be expected to have influence?

This might include…air emissions, wastewater, waste generation, etc.

30. How does your municipality examine these aspects, which are related to waste?

(please specify)

Prompt: not an important problem, an important problem, which… we can solve in 3 years…will take many years to solve…will be apriority in future policies.

This might include…

Increasing volume of municipal solid waste
Management of Biodegradable waste
Management of recycled and package waste
Illegal disposal of waste
Pollution of waters or soil from waste
Increased emissions in atmosphere
Contaminated sites
Local issues (noise, vibration, odour, dust)
Risk of environmental accidents
Increased use of natural resources
Transport and disposal of dangerous waste

31. Does the organisation have a formal procedure for identifying and reviewing the environmental aspects and evaluating their significance?

32. Does the procedure for environmental aspects ensure that the information on aspects is kept up-to-date?

33. How well does your organisation understand the meaning "indirect aspects"

Prompt: None, low, medium, high, don't know

34. Does your organisation examine this kind of environmental aspects in their procedures? **(Please elaborate)**

This might include…
Administrative and planning decisions
Procurements
Education and awareness
Governance/ relationships/Networks
Investments and loans
Environmental performance and practices
Of contractors, subcontractors and suppliers

35. How well does your organisation manage its indirect environmental aspects?

Prompt: None, low, medium, high, don't know

36a. What your consider to be the main obstacles towards identifying / addressing the aspects
of your organisation?(please elaborate)

  b. What guidance do you thing is required? **(please elaborate)**

D2 *Legal and other requirement*

37. Does the organisation have a formal procedure in place to ensure that it identifies the legal and other requirements for environmental performance which are applicable to the environmental aspects of the organisation's activities, products and services?
(please elaborate)

38. Does the organisation have copies or have access to relevant environmental legislation and other requirements?

D3 *Environmental policy*

39a. Does the organisation have an environmental policy?
  b. If yes, does the policy refers to your activities, products, or services?
  c. Does the policy include a commitment to continual improvement and prevention of
    pollution?
  d. Does the policy include a commitment to comply with relevant laws or other
    requirements?
  e. Does the policy include a framework for setting and reviewing environmental objectives
    and targets?

f. Is the policy implemented and conformed to?
g. Is the policy communicated to employees?
h. Is the policy available to the public?
i. Does senior management sign the environmental policy?

E Planning procedures in the waste management process

E1 *Objects and targets*

40a. Is the organisation legally obliged to set objectives for waste management?

b. If not, is setting waste management objectives a relevant issue for the organisation?

41. Does the organisation have environmental objectives and targets?

This might include...

Waste minimisation.
Recycling and re-use.
Adequate disposal (e.g. landfill, incineration).
Adequate hazardous waste management.
Management of contaminated land.
Strategies and plans.
Environmental initiatives by industry and NGOs.

42a. Are objectives set and available in a document?

b. If yes, are the environmental objectives and targets set taking into account the significant environmental aspects, legal requirements, technological options, financial considerations, third party interests, the organisation's environmental policy, and prevention of pollution? **(please elaborate)**

43a. Is the organisation legally obliged to participate in regional objectives?

b. If not, is this relevant issue to the organisation?

44. Does the organisation participate in the setting and implementation of regional objectives? **(Please elaborate)**

E2 *Environmental management programme*

45a. Is the organisation legally obliged to use any instruments to achieve their objectives?

b. if not, is this relevant issue to the organisation?

46. Are any instruments used by the organisation?

This might include...
Ambient and clean-up standards.
Technology standards.
Operating permits.
Landfill standards.
Transportation requirements.
Requirements for separation of municipal waste

46. Are any instruments used by the organisation?

This might include...
Other regulatory instruments
Economic instruments:
Waste fees,
Taxes.
Subsidies.
Voluntary agreements
Enforcement compliance
Compensation and liability rules
Integrated pollution control

47a. Does the organisation have a program in place to ensure it achieves its environmental objectives and targets?

   b. If yes, does the organisation have a program in place that...

   c. Designates responsibility for achieving its environmental objectives and targets?

   d. Sets out the time frame and the procedures by which environmental objectives and targets are to be met?

48. Is the environmental management program amended to take into account new projects or modified activities?

Thank you for participating in this interview.

Printed by Books on Demand GmbH, Norderstedt / Germany